L'AVOCAT ÉTAIT UNE FEMME

Julia Minkowski est une avocate pénaliste française. Cofondatrice et présidente du Club des femmes pénalistes, elle a été considérée en 2018 comme l'une des avocats les plus puissants de France selon le magazine *GQ*. Elle publie son premier roman, *Par-delà l'attente*, en 2022.

Lisa Vignoli est journaliste et autrice. Elle a publié deux livres chez Stock, *Parlez-moi encore de lui* et *Nue propriété*, et *L'avocat était une femme* aux éditions JC Lattès.

JULIA MINKOWSKI
LISA VIGNOLI

# *L'avocat était une femme*

Le procès de leur vie

*Préface inédite de Philippe Jaenada*

JC LATTÈS

ISBN : 978-2-253-10414-8 – 1re publication LGF

*À Me Sophie Bottai*

« UN HOMME. – Des femmes avocates ? »

MARIVAUX, *La Colonie*, 1750.

# Préface

Ah, ma rencontre avec Julia Minkowski et Lisa Vignoli ! Je me souviens de chaque détail. C'était à Marseille, un dimanche de décembre. Au salon du livre, en 2021. Elles étaient venues à mon stand me faire signer *Au printemps des monstres*, puis (par politesse, pour tout dire) je m'étais levé et j'étais allé, à l'autre bout du grand hall, leur faire signer *L'avocat était une femme*. Voilà, c'est tout, ensuite on ne s'est plus revus. C'est mou, comme anecdote, je m'en rends bien compte. Dommage, car rien ne vaut le récit d'une rencontre croustillante ou spectaculaire, insolite, amusante (ah ah) pour nourrir une préface – surtout quand on ne maîtrise que très approximativement le sujet du livre qui suit. Or, malheureusement, c'est mon cas (ça tombe mal). Car le métier d'avocat est pour moi le plus mystérieux de tous les métiers (ce n'est pas une façon de parler, je le pense et le ressens vraiment). C'est sans doute aussi l'un des plus nobles, des plus indispensables, mais je n'arrive pas à me projeter, à m'imaginer avocat. Je n'y arrive pas. (Enfin si, mais uniquement avocat d'innocents ou d'innocentes injustement ficelés ou étouffées par une justice aveugle et sourde.) Astronaute, plombier, notaire, patineur artistique, j'y arrive (facile), mais avocat ? Je suis plouc, je suis comme tout le monde : défendre un demeuré qui démolit sa femme à coups de poing ou un papi gâteau qui joue avec la zézette de sa petite-fille ? Je préfère pas. Me Henri Leclerc, pour tenter de m'expliquer, m'a dit un jour (citant quelqu'un, je ne sais plus qui) : « L'acte peut être monstrueux, l'homme [ou la femme, je suppose] jamais. » J'ai du mal, j'ai du mal.

Mais alors ce qui tombe bien, c'est que l'autre groupe extrêmement mystérieux pour moi, ce sont les femmes. Non pas que je sois plus bête qu'un autre, plus obtus ou plus virilement bourrin (je préfère les femmes, je l'jure, j'ai toujours préféré passer du temps et discuter avec les femmes qu'avec les autres (c'est ce que disent tous les misogynes, flûte)), mais simplement parce que je suis un homme, voilà. (Je comprends difficilement qu'on traverse la planète pour aller découvrir des civilisations inconnues et des peuples dont on ne sait rien, alors que la moitié des personnes qu'on croise dans les rues de son quartier sont des étrangères énigmatiques, au moins aussi passionnantes à regarder vivre qu'un Inuit ou un Pygmée.) Les femmes évidemment ne sont pas incompréhensibles ou nébuleuses, je veux dire pas plus ni moins que les hommes, mais je n'arrive pas à me projeter non plus : impossible, malgré mes vaillants efforts.

Du coup, un livre qui donne la parole à des avocates, je me demande si je ne suis pas le lecteur idéal, voire un bon candidat pour rédiger la préface (ce serait une bonne chose car on y est, là, il est trop tard pour faire marche arrière).

Je ne veux pas me lancer, mes gros sabots aux pieds, dans des considérations préliminaires et hasardeuses sur les particularités féminines en milieu judiciaire, les différences éventuelles entre avocats et avocates, ce serait inutile – Julia, Lisa et les femmes qu'elles mettent en avant le font dans les pages qui suivent de manière bien plus subtile et intime – et dangereux : si je commence à bredouiller que les avocates sont plus fines que leurs confrères, plus intuitives et discrètes, sans esbroufe, douces, sensibles, compréhensives ou je ne sais quoi, le sexisme me guette au coin de la phrase, hideux, me tombe dessus et m'englue devant tout le monde. D'autant qu'en réalité, je pense qu'il n'y a pas de différence entre les avocates et les avocats – pas plus en tout cas qu'entre les médecins et les médecins. Si, une, et importante : les avocates sont moins connues et reconnues que les avocats, ce qui est naturellement une injustice (un comble, en l'occurrence). Julia et Lisa œuvrent à la réparer. Et, pour moi du moins, à éclairer, éclaircir, quelques mystères.

J'ai beaucoup, beaucoup aimé le livre que vous avez dans les mains, je ne vais pas faire des tartines de louanges, je n'ai pas de talent publicitaire (de toute façon ce n'est pas le lieu, ça ne sert à rien, vous l'avez déjà acheté), mais je l'ai lu avec autant d'intérêt que de plaisir (ma maman avait raison : la politesse n'est jamais vaine, on est toujours récompensé) et d'admiration – pour les femmes qui parlent, et celles qui les font parler : en choisir dix a dû s'avérer bien compliqué (la « sélection » est selon moi parfaite, à la fois éclectique et pointue, probablement représentative, juste) ; retranscrire leurs propos (à l'écrit, de manière fidèle, fluide et forte), au moins autant. Je l'ai refermé, ce livre, épaté, remué et comme éveillé, plus intelligent. Amélioré.

Je prends donc ici, noir sur blanc, un engagement officiel : si je suis un jour accusé d'un truc grave, je demanderai à Julia d'assurer ma défense (s'il te plaît), et comme alors la loi m'interdira de raconter par écrit l'injustice (car ce sera une injustice, j'en mets ma tête à couper) qui tragiquement me frappera, je demanderai à Lisa, s'il te plaît, de s'en charger. Merci les filles.

Philippe Jaenada

## Avant-propos

Gisèle Halimi s'en est allée. Le 28 juillet 2020, à quatre-vingt-treize ans, alors que Lisa Vignoli a pris la plume pour raconter les entretiens que nous avons menés avec dix avocates pénalistes au cours de l'hiver, M$^{e}$ Halimi, la seule femme avocate connue du grand public, s'est éteinte. Elle qui, quelques mois plus tôt, dans une longue interview au *Monde* prônait « la sororité », « la solidarité », « l'union des femmes » comme clé d'une « force fabuleuse ». Elle aurait peut-être aimé l'idée de mettre en lumière l'immense talent d'avocates pénalistes d'aujourd'hui, celles dont on lit trop peu souvent le portrait et qui jamais ne publient « ma vie, mon œuvre », quand les autobiographies de leurs confrères masculins sont régulièrement en tête de gondole dans les librairies.

La disparition de Gisèle Halimi, cet été-là, a alors pris pour nous des allures de signe du destin. Ses dernières injonctions, tel un testament à toutes les femmes, sonnent comme un encouragement dans l'écriture de cet ouvrage. D'autant plus quand une étoile montante du barreau, Laure Heinich, qui aurait pu figurer dans ce livre – hélas, il fallait faire des choix –, s'insurge dans une tribune contre l'absence d'éminents confrères au Père-Lachaise ce 6 août : « Vous étiez où, les confrères masculins ? Vous nous avez manqué… » Aucun ancien bâtonnier autre que les trois seules femmes ayant exercé la fonction suprême de notre profession. Pas de grande figure du barreau. Et ce tout nouveau garde des Sceaux qui, même s'il lui a rendu hommage à l'Assemblée nationale, manque à l'appel ce matin-là. C'est le cœur de l'été et chacun vaque à ses occupations. Vacances, obligations familiales, parfois professionnelles. Sans procès d'intention *ad hominem*, c'est l'absence collective qui interroge. Ceux qui d'ordinaire se pressent aux hommages funéraires, poussant des coudes et guettant si le siège qui leur a été réservé est bien à la hauteur de l'idée qu'ils ont de leur position, n'ont pas fait le déplacement.

M^e^ Halimi était pourtant de ces avocates qui ont marqué l'histoire du barreau. Avec une ténacité rare, elle a fait évoluer la société là où elle apparaît dans sa dimension la plus concrète : les salles d'audience. Il lui en a fallu du courage à l'époque pour porter ces combats publiquement dans le prétoire. Chaque femme sait ce qu'elle lui doit, chaque avocate aimerait lui ressembler.

Oui mais voilà, « on ne l'entendait pas au premier rang », me dit l'avocat avec qui je discute à bâtons rompus de l'absence de femmes au panthéon des grands confrères, morts ou vivants. Gisèle Halimi avait selon lui une voix qui portait peu et, renchérit-il, « à cette époque, les salles étaient très mal insonorisées » – on peine à savoir quand elles l'auraient été dans ces vieux palais où nous continuons de plaider –, et comme, selon la croyance populaire, ce sont ceux qui parlent le plus fort qui ont forcément raison à la fin, les femmes étaient disqualifiées d'office. Fort heureusement pour nous, les femmes, « aujourd'hui, il y a des micros », poursuit-il – mais l'on sait bien que tout avocat pénaliste qui se respecte ne les utilise surtout pas. Et de conclure : « Bref, Gisèle Halimi était une bonne militante mais comme avocate, c'était zéro. »

D'autres disent que, de toute façon, c'est un métier qui demande une « disponibilité à plein temps » : se lever tôt pour aller voir ses clients en détention, se coucher tard après en avoir reçu d'autres le soir, après les audiences, ou rentrer dans la nuit après avoir attendu le verdict d'une cour d'assises dans les couloirs glacés du palais d'une ville inconnue. Et comme les femmes doivent s'occuper de leurs enfants… Je n'ai jamais entendu dire qu'elles seraient peut-être un peu plus paresseuses, mais il m'a bien semblé le deviner derrière des formules alambiquées. En revanche, des confrères m'ont déjà dit qu'étant « moins courageuses », elles craignaient davantage les clients « dangereux ».

Et le cercle vicieux de se dessiner : à force d'entendre que le métier est trop « physique », que sans voix grave ou taille impressionnante – l'idéal étant d'avoir les deux – mieux vaut s'en tenir à rendre visite aux clients détenus et aux juges d'instruction, les femmes, qui ont peu à peu été reconnues dans d'autres métiers d'éloquence (journalisme, politique, et bien avant au théâtre, où les prestations demandent autant de sueur qu'une plaidoirie), ont tardé à s'imposer au barreau. Dans ce métier de lignée (la formule est du grand avocat Jean-Louis Pelletier), les avocates sont dépourvues de modèle. Comment plaider, bien sûr, mais aussi comment affirmer son autorité et son verbe à l'audience quand on ne vous entend pas « au premier rang » et que magistrats et greffiers vous demandent quel avocat vous êtes venue substituer ?

Ces questions, et tant d'autres, qui font le quotidien des avocates pénalistes – et des autres avocates, d'ailleurs –, je les ai si souvent entendues. Et j'épargne ici au lecteur les remarques sexistes habituelles, les tentatives de « séduction » déplacées quand on a enfilé la robe d'avocat, ou du harcèlement sexuel coutumier dans certains cabinets – qui sont le lot de toutes les femmes, dans toutes les professions. J'ai tant entendu ce sentiment d'injustice qu'en 2013 j'ai décidé de créer avec quelques consœurs le Club des femmes pénalistes, dans l'idée que ce club prouverait déjà qu'il y a bien des femmes avocates pénalistes, pleinement engagées, avides des expériences et des conseils de leurs aînées, et qu'il leur permettrait de mieux se rencontrer.

La fameuse sororité de Gisèle Halimi. On y était.

Bien sûr, nous avons été moquées par nos confrères, et même par certaines consœurs. Mais nous avons fini par construire au fil du temps une petite communauté solidaire, certes moins active qu'on le souhaiterait, chacune étant prise par les dossiers et le reste, mais bien solide. On s'encourage, on se fait la courte échelle, et j'aime à penser que nous sommes peut-être pour quelque chose dans le nouvel intérêt médiatique pour les avocates, qui sont désormais (un peu) plus sollicitées.

Ce livre s'inscrit donc dans cette démarche féministe. Il met en lumière de grandes avocates pour que chacun, s'il est un jour confronté à la justice, n'hésite pas à choisir une femme pour le défendre. Il raconte l'histoire de ces pénalistes et les affaires qui ont définitivement marqué leur vie, afin que les jeunes filles, les étudiantes en droit, les jeunes avocates y trouvent des modèles inspirants. Mais aussi pour que le grand public apprenne à connaître ces « Dupond-Moretta ».

Telle est notre ambition.

Écrire ce livre avec Lisa Vignoli était une évidence puisque, peu après la création du Club, elle m'avait contactée pour un sujet sur des avocates d'hommes qui s'en sont pris à des femmes – je venais de défendre aux assises un homme accusé de viols et d'agressions sexuelles, avec dix-huit femmes parties civiles de l'autre côté de la barre. Lisa avait donc déjà tracé le portrait de quelques avocates dans son article. Ensuite, nous avions toutes les deux poursuivi nos routes. Elle avait écrit un très beau livre. Un portrait, là aussi. Et comme je tenais à ce que la narration soit empreinte d'intime, seuls une vraie sensibilité et le talent pour l'écriture pouvaient y parvenir…

La retrouver dans ce travail à quatre mains a fait naître une belle amitié.

À l'heure de choisir les avocates devant figurer dans ce livre, nous avons décidé ensemble de procéder à une sélection parfaitement subjective – qui n'a rien à voir avec un quelconque « classement » –, fondée sur des critères qui nous appartiennent à l'une ou à l'autre. Bien entendu, il y a bien plus que dix avocates talentueuses ! Tant d'autres auraient ici leur place…

Ensuite, nous avons demandé à ces dix avocates de nous raconter l'affaire de leur vie. Chacune y a mûrement réfléchi. Certaines affaires sont bien connues mais elles sont pour la première fois racontées d'un point de vue rarement évoqué, celui de l'avocat – l'accusé tenant généralement le premier rôle. Comment cette affaire-là est venue croiser un beau matin la vie de cette femme-là ? Qui était-elle alors, qui est-elle devenue après ça ? D'autres dossiers, tout à fait anonymes, montrent comment ils peuvent marquer un tournant dans une vie, pour ce qu'on y apprend de l'autre, de la justice ou de soi-même.

Il ne s'agit pas ici d'un ouvrage militant où les femmes se racontent en tant que telles, mais d'un livre sur des avocates où leur seule présence en tant que femme parle d'elle-même et devient à ce titre « féministe ». Toutefois, Lisa et moi n'avons pu réprimer un sourire en relevant deux « hasards ».

Chacune d'entre elles – sauf une – a choisi d'évoquer une affaire dans laquelle elle a défendu un homme. Chacune a évoqué, à un moment donné, un modèle, un mentor ou simplement un partenaire de vie professionnelle, et a alors désigné un homme. Souvent, elles ont formé des duos avec eux. Si le premier « hasard » est dû à la statistique – les femmes représentent moins de 5 % des détenus en France –, le second est la cause et le résultat d'une époque où les ténors du barreau étaient des hommes, et y occupaient les places les plus importantes, y compris celles de pygmalions.

Misons que demain ou dans dix ans, dans un ouvrage semblable, ces femmes dont nous parlons ici auront à leur tour marqué les esprits de la nouvelle génération, avocats comme avocates.

Depuis que j'ai prêté serment, on me parle du temps de la buvette du palais et de « la table des pénalistes ». D'ailleurs, la plupart des avocates que nous avons rencontrées pour le livre l'ont évoquée spontanément pendant l'entretien. Un lieu mythique, un lieu qui n'existe plus, dans un palais fantôme maintenant que le tribunal a déménagé aux Batignolles et que seules la cour d'appel et la Cour de cassation se partagent le boulevard du Palais, telles deux personnes âgées vivant dans un appartement vide et bien trop grand pour elles. Parfois, on croit entendre résonner les bruits d'antan, mais l'écho de pas solitaires vient tempérer l'enthousiasme, assourdir la clameur d'un temps révolu.

J'ai connu la buvette mais pas à son âge d'or. Il fallait y être en 1980, cette décennie « absolument formidable », comme le disent ceux qui étaient alors de jeunes avocats. Des années de liberté, d'argent facile, mais aussi de travail. Beaucoup de travail. Des années d'amitiés, d'amour, d'amourettes, appartenant à une époque dont on se sent exclu quand on y est soi-même né, comme moi.

La buvette était un petit café dans le Palais de Justice. On y descendait par un escalier extérieur, à droite des grandes marches. J'ai appris qu'à l'époque on pouvait aussi s'y rendre directement de la salle des pas perdus par un autre escalier, en colimaçon. Les tout jeunes avocats inconnus qu'étaient alors

Hervé Temime, Thierry Herzog, Pierre Haïk, Olivier Metzner, Francis Szpiner et bien d'autres s'y retrouvaient, toujours à la même table où ils avaient pris par hasard leurs habitudes ; une table un peu à l'écart des autres, bientôt connue comme la « table des pénalistes » sans que personne ne sache qui l'avait baptisée ainsi. Leur cabinet était à quelques minutes à pied. Tous les jours à midi, ils y déjeunaient. C'était bon et pas très cher ; et en fin de journée, après les audiences, ils y retournaient. En ce temps-là, il n'y avait pas encore de smartphone pour se donner rendez-vous, mais on savait toujours où se retrouver, il suffisait d'y passer. On parlait des affaires et de la vie, on échangeait des jurisprudences, on jaugeait tel juge, et surtout on rigolait. Beaucoup.

« On était totalement misogynes, quand on y repense », reconnaissent aujourd'hui les avocats qui se souviennent de cette période. À part Monique Smadja et Françoise Cotta – qui étaient des originales, « un peu à part » –, ils se rappellent que les avocates étaient avant tout des collaboratrices qui, tout comme les collaborateurs d'ailleurs, ne plaidaient pas vraiment les dossiers. Elles étaient à la table, bien sûr, elles étaient leurs amies, parfois même leur compagne, elles étaient féministes, oui, mais, dans leur souvenir, jamais elles ne s'insurgeaient contre l'injustice de leur position. Soit les femmes avocates « en étaient » car les pénalistes étaient leur patron, soit elles observaient, un peu impressionnées, un peu agacées quand elles ne faisaient pas partie du clan.

La buvette a condamné l'escalier en colimaçon, puis les propriétaires, qui étaient un peu comme des parents pour cette joyeuse bande, sont partis. Les pénalistes ont grandi, leurs cabinets ont déménagé, ils sont allés déjeuner dans des lieux plus chics, et n'ont plus eu le temps de prendre un verre en fin de journée. La buvette elle-même a fermé, on ne sait plus tellement pourquoi, et le tribunal a fini par déménager lui aussi.

J'aimerais que ce livre soit comme une table des pénalistes d'aujourd'hui, une table autour de laquelle les femmes, ténoras[1] du barreau, se racontent, évoquent leurs succès et leurs échecs, parlent d'elles sans rougir, et où les hommes les écoutent religieusement, stupéfaits de voir que tant de brio leur avait jusque-là échappé.

J. M.

1. Notre éditrice, Clara Dupont-Monod, rêve de créer un néologisme et de faire entrer ce nouveau mot dans le dictionnaire.

# I

# CÉLINE LASEK

*« Bertrand Cantat était mon client*
*et il ne voulait pas se défendre. »*

Il se produit ce genre de mécanisme de la mémoire avec certains événements marquants. De la même manière que chacun sait où il se trouvait le 11 septembre 2001, nombreux sont ceux qui peuvent se géolocaliser l'été de la canicule. Ce 27 juillet 2003, Céline Lasek est assise à son bureau au sein du cabinet d'avocats où elle travaille, dans un bel hôtel particulier au 100, rue de l'Université, à Paris. En fin de matinée, son patron, Me Olivier Metzner, la convoque dans le sien pour lui parler d'une affaire pour laquelle il vient d'être appelé. « Il semblerait que la réalisatrice Nadine Trintignant ait été frappée par son compagnon qui, il est possible que je me trompe, serait du genre de Joey Stark (*sic*), lui dit-il. Ça se passe à Vilnius, en Lituanie. » À cette heure-là, il n'y a encore aucune dépêche, aucun article de presse. L'avocat a juste été brièvement contacté par une maison de disques qui défend les droits d'un de ses artistes. Assez vite, les éléments se font plus précis. Il s'agit non pas de Nadine mais de Marie Trintignant, la fille qu'elle a eue avec Jean-Louis Trintignant, acteur adoré du cinéma français, elle-même comédienne et compagne du chanteur du groupe Noir Désir, Bertrand Cantat, inconnu au répertoire de Metzner.

Lui est un mélomane qui n'écoute que de l'opéra et de la musique classique, voire, de temps en temps, un titre de Mecano aux airs lyriques, *Hijo de la luna*. Il ignore tout de « Noir Désir ». « Achetez-moi tous les albums », lance-t-il à sa collaboratrice quand elle tente de lui définir l'identité du groupe alors au sommet de sa gloire, considéré par la critique comme le meilleur groupe de rock français. Formé dans les années 1980, il a marqué toute une génération, sa génération à elle. Et, l'année précédente, il s'est placé numéro un des ventes avec le titre *Le vent nous portera*.

Dix-sept ans plus tard, Céline Lasek a encore cette vision d'elle, nette, impeccable : un vendredi caniculaire, avant que la France ne parle plus que de lui, elle déambule dans les allées de la FNAC, une pile de disques de Cantat sous le bras. *Tostaky*, *666.667 Club* et bien sûr le dernier album, *Des visages des figures*.

Le lundi suivant, le pénaliste aux petites lunettes posées sur le bout du nez a passé le week-end à écouter la voix de son futur client. Sa première phrase sera : « C'est remarquable. Ce type écrit des textes magnifiques. » Ensemble, Lasek et Metzner reçoivent alors les membres du groupe restés à Paris. Elle les revoit tels qu'ils étaient : « Des gens extrêmement bienveillants, totalement impliqués, mais pas non plus aveugles. » Ils connaissent Cantat depuis plus de vingt ans et s'inquiètent pour leur ami et partenaire de scène alors pris dans la tourmente à Vilnius.

À l'époque, Céline Lasek a tout juste vingt-neuf ans. Elle a intégré le cabinet d'avocats trois ans plus tôt. Trois années dont une comme stagiaire et quelques mois à peine au côté de Me Metzner lui-même. Elle s'est retrouvée là presque par hasard. À la fin de ses études, elle ne connaissait qu'un seul avocat ; et encore, il s'agissait du père d'une copine, Me Versini-Campinchi. Quand elle lui a demandé une lettre de recommandation pour entrer chez Jacques Vergès, « l'avocat de la terreur », elle s'est vu répondre : « Ça ne va pas la tête ! Vous n'allez pas aller chez Vergès mais chez Metzner, car c'est le meilleur pénaliste de Paris. » Sur son CV, elle note donc un apprentissage « bidon » chez ce bon conseiller et tente le coup qui se révèle gagnant. Elle y découvre un avocat de cinquante ans, en train d'exploser en droit pénal des affaires. Ses clients s'appellent Loïk Le Floch-Prigent (affaire Elf), Jacques Crozemarie, fondateur de l'Association pour la recherche sur le cancer (ARC) et, plus tard, Jean-Marie Messier, ancien président de Vivendi. Il s'est fait une réputation d'as de la procédure. Metzner est aussi méticuleux que peu habitué à travailler avec des femmes. Il n'a jamais eu de collaboratrice, seulement des collaborateurs. C'est pour cette raison que, dès son arrivée, les autres membres du cabinet surnomment Lasek « le concept ».

Assise dans un fauteuil d'un hôtel parisien où il avait ses habitudes – il y a même vécu pendant de longues périodes –, elle se souvient avec émotion de la cohabitation professionnelle avec cet homme que certains trouvaient « glacial ». « Olivier était quelqu'un de très gentil et de très spécial. Il était timide, j'étais impressionnée. Autrement dit, il n'était pas à l'aise et moi non plus. » Mais il pratique très peu le droit pénal général tandis qu'elle adore ça : ils trouvent un terrain d'entente, se complètent.

« L'affaire Cantat » relève de cette répartition-là. Ils conviennent de partir ensemble en Lituanie. Là-bas, Marie Trintignant est dans le coma et a déjà été opérée deux fois. « On sait très vite que malheureusement ça ne va pas durer », se souvient l'avocate. Pour ne rien arranger, son boss et partenaire de voyage vient de se casser le bras. Quelques heures avant leur départ, un des collaborateurs du cabinet passe la voir, quelque peu embarrassé : « Olivier m'envoie te demander si, une fois sur place, tu pourras monter dans sa chambre d'hôtel lui enfiler ses chaussettes. Seul il ne sait pas comment il va faire et ça le traumatise. » Ensemble ils auront, en plus du reste, à gérer ce moment d'intimité qui les pétrifie.

À leur arrivée, Vilnius semble être le seul endroit où il fait bon cet été-là. La nuit y est même un peu fraîche. C'est une ville étonnante et ravissante à l'architecture baroque. Le centre est une seule grande rue piétonne qui monte. De chaque côté de celle-ci se situent les deux grands hôtels de la ville. Dans le premier résident les proches de Cantat, dans le second ceux de la famille Trintignant. Les deux camps se partagent la capitale étrangère et les journalistes font la navette de l'un à l'autre. Partout dans les rues, Vilnius parle français. En plus de la presse et des avocats des deux parties, on peut aussi croiser l'équipe de tournage du téléfilm dans lequel jouait, sous la direction de sa mère, la jeune comédienne désormais hospitalisée.

Hormis cette ambiance sonore temporaire, la Lituanie, entrée dans l'Union européenne l'année précédente, reste éloignée de Paris. Son système judiciaire est très différent du système français. Or, les faits ayant eu lieu dans le pays, il faut un avocat lituanien. C'est lui qui, officiellement, sera chargé de la défense de Bertrand Cantat. Dans ses recherches, le duo Lasek-Metzner recense peu de pénalistes locaux. Et encore moins de francophones. Ils finissent néanmoins par trouver un confrère « très gentil et qui parle notre langue ». La scène de leur première rencontre vire au mauvais film : dans le hall de l'hôtel où ils l'attendent, l'élu arrive avec un sac en plastique duquel il s'empresse de sortir le contenu, trop fier de leur montrer qu'il vient de s'acheter… le code pénal lituanien.

Certaines avocates, notamment lorsqu'elles sont plus jeunes que leurs confrères et qu'elles vont plaider en province avec leur patron, ont parfois le sentiment de suivre celui qui, par son expérience, a ses habitudes sur le terrain. Le restaurant où il faut aller, il sait. Le prénom de la greffière, il connaît. Le tout, il maîtrise. L'escapade lituanienne ne ressemble en rien à tout ça. « Là, je me souviens qu'on découvrait ensemble. On était complètement largués et à armes égales. »

Le soir du drame qui a eu lieu quelques jours plus tôt, Bertrand Cantat, venu à Vilnius voir Marie

Trintignant sur le tournage, a appelé le frère de la comédienne, présent lui aussi sur place : « On s'est disputés. Je ne suis pas sûr qu'elle puisse tourner demain. J'ai peur qu'elle ait des marques. » Ensemble, le chanteur et son beau-frère l'ont alors allongée, un gant sur le front, pensant qu'un peu de repos lui ferait du bien. Le lendemain, elle ne s'est pas réveillée. Son frère a alors mis Cantat dehors. Et, dans la foulée, le suspect d'homicide a été entendu par la police et incarcéré.

C'est là, à la maison d'arrêt, que ses avocats le voient pour la première fois. Jusqu'ici, personne, pas même sa famille, n'a pu lui rendre visite. « À cet instant, il se passe cette chose qui pour moi est la plus folle de notre métier : un lien de confiance se crée instantanément. Parce qu'il sait qu'on sera là pour lui et qu'on ne le lâchera plus. » Cantat se retrouve avec ces deux inconnus qui ont une drôle de tâche. Céline Lasek pourrait résumer leur entrevue ainsi : « Bonjour, vous ne nous connaissez pas mais nous sommes vos avocats, il faut tout nous dire, et Marie Trintignant est morte. » Ce sont eux, en effet, qui lui annoncent le décès de celle qu'il aime. « Là, vous faites office de tout », précise-t-elle. D'amie, de psy, de conseiller. Metzner est toujours cet être distant pour qui extérioriser est une douleur. « À ce moment-là, j'ai senti qu'il fallait que j'aille moi au front », explique la jeune femme. Elle essaye d'être « entourante », d'aider l'accusé dans sa peine, de trouver un élément qui le raccroche à la vie. Elle lui parle de ses enfants. « Olivier m'a laissée prendre cette place », se souvient-elle. En sortant de la prison, son regard a croisé celui de son patron : il avait pris dix ans.

Dans un document diffusé en 2019 sur une chaîne de télévision française, les téléspectateurs ont pu apercevoir des images du tout premier interrogatoire de Bertrand Cantat. Des années plus tard, ces quelques minutes auraient été vendues à la chaîne par l'administration lituanienne. Il s'agit d'extraits de l'audition, filmée, du chanteur devant la juge d'instruction. Sept heures d'entretien qui constituent un sommet émotionnel dans la carrière de l'avocate alors présente. Les deux ou trois premières heures, l'accusé y est un peu monocorde, il répond presque mécaniquement aux questions qu'on lui pose. Elle l'observe sans bien comprendre. Sans doute l'effet des médicaments puissants délivrés en prison. Peu à peu, au fil de la journée, il redevient lui-même, retrace le cours des événements, du début à la fin, dans le détail.

Ce jour-là, il explique qu'il y a eu cette engueulade entre eux parce qu'elle était toujours en contact avec son ex-compagnon alors qu'elle lui avait interdit toute communication avec Krisztina Rády, la mère de ses enfants, qu'il avait quittée pour elle. Il redit les quatre gifles qu'il lui a données. Lui si fort, elle si menue. Elle qui tombe sur la moquette, et donc cette nuit et cette absence de réveil. Puis tout ce qu'il a sur le cœur, sans filtre. L'amour fou qu'elle a fait naître en lui. La fascination que Marie suscitait chez les hommes. Chez l'homme qu'il était. La passion réelle qui existait entre eux et qu'il a broyée parce qu'elle l'a dépassé. Tout y est. L'émotion, la façon dont il a été bouleversé. Céline Lasek se souvient : « Je n'ai jamais eu ce sentiment qu'un client mettait à ce point ses tripes sur le bureau sans se demander ce que ses propos vont engendrer chez les autres, chez le juge devant lui. » Dans sa parole, rien n'est orienté. C'est un moment de transparence totale. Elle comprend qu'elle a face à elle un homme qui refuse de se défendre.

Sur le carnet qu'elle utilise pour prendre des notes, il n'y a alors que des petits carrés trempés. L'encre bave, elle sanglote. Dans le bureau, l'interprète n'arrive plus vraiment à traduire tant elle pleure aussi. Assise à la gauche d'Olivier Metzner, Céline Lasek sent un coup de coude de son patron. « À cet instant je pense : il va m'engueuler parce que ça fait déjà une bonne demi-heure que je pleure, sur l'air de “si vous n'êtes pas assez forte pour tenir, faites autre chose dans la vie”. » Mais il lui demande : « Vous n'avez pas un mouchoir ? » Ses larmes à lui commencent à se voir sur sa chemise. Dans un élan brouillon, elle fouille dans son sac, en vain. « La prochaine fois vous êtes virée si vous n'en avez pas », souffle-t-il.

Leur client est un coupable ravagé par la souffrance. Il ne se mure pas dans le silence, ne se noie pas dans les justifications. Il traîne simplement avec lui une sensation de « drame absolu ». Il est différent des accusés que M^e^ Lasek entend habituellement. Y compris lorsqu'ils seront en tête à tête. « En général, j'écoute le client jusqu'au moment où je ne le crois plus, et je le lui dis. Dans son cas, il n'y a jamais eu aucun vernis, aucune duplicité. » Cantat ne veut pas se défendre. Encore moins être défendu. Il ne souhaite pas entendre parler de stratégie au procès, ni de procédure. « Je n'ai aucun souvenir de lui nous demandant : "Combien d'années de prison je risque ?" Ce n'était pas son problème. Il avait perdu la femme qu'il aimait par sa faute. Il ne se préoccupait pas de son propre sort. »

Quand, sur la pointe des pieds, l'avocate tente de faire son métier en lui demandant : « Savez-vous si elle a déjà eu des problèmes de violence avec d'autres hommes ? », il lui répond sèchement : « Il est hors de question que vous alliez sur ce terrain-là. » Il ne veut rien savoir non plus des témoignages, reçus spontanément par ses avocats, de propriétaires d'hôtels qui auraient vu leurs chambres abîmées après le passage de « Marie » ou de voisins qui auraient pu être témoins de scènes de disputes.

Au cours d'une suspension de l'audition, Céline Lasek sort prendre un peu l'air. À la machine à café, deux policiers français de la brigade criminelle dépêchés sur place, qui se tenaient près de la porte pendant tout ce temps, viennent la voir et lui confient : « Vous savez, on a vu beaucoup d'affaires – on était dans le procès Guy Georges –, mais là c'est vraiment dur. »

En quittant le bureau du juge d'instruction, Metzner lui avoue à son tour : « J'ai pleuré pour les dix prochaines années. » Le soir même au restaurant, en reparlant de cette journée étrange, elle lui a pourtant tendu le mouchoir qu'elle avait bien préparé cette fois.

Malgré sa sensibilité à fleur de peau, n'était-elle pas dans tout ça la plus forte des deux ? « Humainement, c'était plus dur pour lui que pour moi. »

Dès cette première rencontre, Metzner a en effet été bouleversé par Cantat. L'effet collatéral est alors une tension, voire une forme de haine qui s'installe entre lui et Me Kiejman, l'avocat de la famille Trintignant. L'affrontement devient presque personnel et se joue par médias interposés. Avant ça, ils avaient eu quelques dossiers l'un contre l'autre, Metzner appelait Kiejman « monsieur le Ministre "délégué" » pour le titiller un peu, rien de plus. À ce stade, les fax qu'ils s'envoient se terminent par « Je vous emmerde ».

L'apogée de la mésentente a lieu à Paris. Nadine Trintignant a très vite écrit le livre *Ma fille, Marie*, publié chez Fayard en septembre 2003. La longue et bouleversante lettre d'une mère qui a perdu son enfant, dans laquelle elle nomme, à quatre-vingt-cinq reprises, Cantat « ton meurtrier ». Lasek et Metzner ne peuvent pas laisser passer la formule quand leur client n'a, selon eux, jamais eu d'intention de tuer. Ils lancent une procédure en référé. « Olivier en avait presque fait une affaire de classes. Pour lui, fils de paysans normands, c'était l'establishment des puissants qui écrivent d'un côté (les Trintignant), des gens plus simples de l'autre. Il se rangeait dans ce clan-là, même s'il trouvait le premier plus chic. » Céline Lasek est née et a grandi à Paris dans une famille de scientifiques « plutôt intellos » mais elle le laisse faire, estimant que le droit est dans leur camp tant que Cantat n'a pas été jugé.

Le jour du procès, qui se tient dans la somptueuse salle d'audience de la première chambre du tribunal au Palais de Justice de Paris, Kiejman sort de ses gonds. Il plaide comme s'il se trouvait aux assises. Ce procès, qui n'est pas celui de Bertrand Cantat ni celui du crime, mais celui d'une « simple » atteinte à la présomption d'innocence, fait office de « procès qui n'aura jamais lieu en France ». Dans la salle, l'avocat des Trintignant hurle, dramatique : « Vous ne voulez pas entendre "meurtrier" ? Quel mot voulez-vous entendre ? Tueur ? Bourreau ? Massacreur ? Votre mot sera le nôtre, choisissez ! » Sa plaidoirie est magnifique, même s'il jette devant Olivier Metzner des photos de Marie Trintignant trépanée. « C'était tellement violent que ça a marché. » L'audience est affective et passionnée. Personne ne s'occupe du droit. « Ce n'était pas raisonnable. » Le déroulement du procès vient un peu heurter l'image d'Épinal que Céline Lasek a de la justice depuis l'âge de quinze ans, quand, déjà, elle allait voir des procès entre deux lectures sur les tueurs en série. Ce jour-là, ils n'obtiennent pas l'interdiction du livre.

Au début de l'affaire, elle souhaitait que le prévenu rentre à Paris. Qu'il soit jugé en France. Elle a même œuvré en ce sens, certainement par instinct de protection et de méfiance vis-à-vis de la justice lituanienne qu'elle ne connaissait pas. Olivier Metzner, lui aussi, avait peur que la prison rende Cantat fou. Il le trouvait très seul, dans des conditions terribles, lumière allumée 24 heures sur 24, sans jamais croiser personne, sauf des gardiens qui ne parlaient qu'allemand.

Elle vivait alors avec la peur qu'on l'appelle pour lui dire « il s'est suicidé ». Il valait mieux qu'il rentre. « Mais la juge d'instruction en France a eu, elle, l'intelligence d'entrevoir l'hystérie médiatique autour du procès. » Les jurés n'auraient sans doute jamais pu juger sereinement l'affaire. En Lituanie, au moins, personne ne connaît la famille Trintignant, personne ne connaît Noir Désir ni Cantat. D'ailleurs, dans le pays, nombreux trouvent que ces « Français » en font « un peu trop » autour d'une affaire de violences conjugales.

Avec le recul, Céline Lasek a la clairvoyance de dire qu'elle n'en avait pas. « Cette affaire est emblématique pour moi car elle montre qu'on peut ne pas toujours très bien raisonner. » À l'époque, elle pense, en exagérant à peine, qu'en France il aurait été compris, soutenu et serait ressorti de prison au bout de deux ans sous les hommages. Mais personne ne l'a entendu parler comme il s'est confié à elle.

Pour elle, c'est alors une évidence : s'il s'exprimait de la bonne façon, les gens pourraient l'entendre et le voir comme elle le voit. Mais lui ne veut pas s'exprimer, et sans lui ça n'a pas de sens.

Aujourd'hui, elle perçoit les choses un peu différemment : « C'était sans doute un peu naïf car la différence entre le public et les avocats est immense : nous n'avons jamais de préjugés. » Son rôle, à Paris, se résume alors à passer ses journées à appeler l'avocat lituanien pour obtenir des informations sur le procès à venir. Sur le papier, Metzner et Lasek conseillent, mais c'est le dossier de leur confrère. Ni elle ni son patron ne sont habitués à ce qu'on les filtre mais ils prennent sur eux.

Trois jours avant l'audience, l'avocat lituanien envisage de requalifier l'acte de Bertrand Cantat en « crime passionnel ». « Pour nous, c'est une hérésie car il y a là-dedans une volonté de tuer alors qu'il s'agissait de violences ayant entraîné la mort sans intention de la donner. » Cantat a toujours dit : « Je lui ai mis quatre grosses gifles. » Personne n'a jamais voulu le croire. Dans le procès qui survient un an après les faits, l'expertise confirme pourtant : Marie Trintignant est morte d'un syndrome identique à celui du bébé secoué, causé par ces gifles. Bertrand Cantat est condamné à une peine de huit ans d'emprisonnement.

À partir de là, Me Lasek n'a qu'une seule mission : le faire transférer dans une prison en France. Pour que le condamné puisse rentrer, il faut qu'il n'y ait plus de recours en Lituanie. La famille Trintignant a fait appel là-bas ; lui aussi. En réalité, personne ne veut de ce second procès. Pour obtenir les désistements, il faut négocier. Et puisque les deux ténors en guerre, Kiejman et Metzner, ne se parlent que très peu, c'est elle qui est en première ligne. La procédure prendra un an. La pression médiatique est importante. Il est célèbre et elle a un peu peur pour lui. Ne sachant pas dans quelle prison il pourra être le mieux protégé, elle se décide à appeler l'Observatoire international des prisons et explique sa position : « Je ne voudrais pas qu'il se fasse lyncher, ni photographier, que me conseilleriez-vous ? » Au bout du fil, le responsable lui répond : « Vous m'avez pris pour le *Guide du Routard* ? »

Cantat sera finalement transféré dans une prison du sud de la France où Céline Lasek ira lui rendre visite. Là-bas, il donne des cours de guitare, organise des ateliers d'écriture de chansons ; il y reste quatre ans. Quand il retrouve sa liberté en 2007 grâce à un juge d'application des peines, Céline Lasek a quitté Metzner depuis un an. Elle loue des locaux pas trop chers près de Denfert-Rochereau. Elle est un peu loin des bureaux de ministre avec jardin de la rue de l'Université mais elle est libre. « C'est un peu comme le jour de l'obtention de son permis. On a sa voiture, on peut aller où on veut, mais en même temps il y a ce gouffre terrifiant qui fait qu'on a peur de prendre le volant et qu'on se retrouve à son bureau à regarder le téléphone en se demandant s'il va sonner. » Après son départ, Metzner l'appelle encore pour lui confier des affaires dont il ne peut pas s'occuper. « C'est vraiment grâce à lui que j'ai eu de beaux et gros dossiers dès le début, ce qui n'est pas toujours le cas quand on s'installe. » Au milieu de ces six années de collaboration, l'affaire Cantat aura créé un lien solide entre eux. En 2010, Krisztina, l'ex-compagne de Cantat chez qui il était retourné vivre en sortant de prison, est retrouvée pendue. Cette femme, ils l'avaient connue ensemble à Vilnius, où elle était venue soutenir le père de ses enfants dès les premiers jours. Quand la date de l'enterrement a été annoncée, Metzner a appelé Lasek : « Je voudrais qu'on y aille tous les deux, si vous êtes d'accord. » De ce jour-là, elle ne se souvient d'aucune autre réaction chez Olivier Metzner que celle, banale, de se demander : « Comment peut-on faire une chose pareille et se donner la mort ? »

Si elle se remémore cela aujourd'hui c'est que, trois ans plus tard, le 17 mars 2013 – elle donne la date sans réfléchir –, elle a reçu ce SMS d'une copine lui demandant : « Ça va ? Tu veux parler ? » Metzner, l'homme aux non-sentiments, s'était vraisemblablement suicidé, laissant son corps quelque part en mer. Jamais elle ne l'aurait imaginé faire cela. « Il y avait certes chez lui comme chez beaucoup d'avocats pénalistes cette volonté de toujours monter, une tendance à ne jamais être comblé, ni satisfait. » Il déclarait parfois qu'il avait connu le meilleur et qu'il n'y avait, devant lui, plus que la descente ; mais depuis quelque temps il semblait accepter de « lever un peu le pied ». Il avait acquis une très belle île en Bretagne, disait qu'il allait refaire de la voile, lui qui se rêvait en navigateur. Peu de temps avant sa mort, il avait d'ailleurs entamé une croisière sur son bateau mais, au bout de cinq jours, avait exigé d'être débarqué. En pleurant ce personnage qui ne pouvait être que touchant, Céline Lasek s'interroge : « Peut-être que le jour où l'on réalise ses rêves, ces litanies qui nous raccrochent à la vie "quand je serai riche, quand je serai libre", on se rend compte qu'on s'emmerde ? » À quarante-six ans, elle n'a toujours pas la réponse. Il semble que l'existence joue suffisamment de petits tours pour brouiller les réponses qui ont paru, un jour, être des certitudes.

Le jour de la cérémonie en l'honneur d'Olivier Metzner est de ceux-là. Le pénaliste, en esthète exigeant, avait préparé la liste de ses invités, celle des bons produits qui devaient être achetés, le nom de la charcuterie où il fallait se rendre. Il avait aussi rédigé les lettres qui devaient être lues et par qui. Ce jour-là, sur l'île bretonne au large de laquelle son corps a été retrouvé, tous ses collaborateurs étaient là. « Se rendre compte *a posteriori* qu'on représentait son entourage alors qu'il n'avait jamais laissé entrevoir cette proximité avait quelque chose de terriblement triste », reconnaît Céline Lasek. Elle se souvient de la fois, la seule, où elle avait ressenti ce sentiment d'appartenance inattendue, ce jour où Olivier Metzner avait dit « On va déjeuner, les gars », et qu'elle faisait partie des « gars ».

Jamais en quelque sorte elle n'aurait cru appartenir au cercle rapproché de son ancien patron. Jamais elle ne l'aurait imaginé non plus commettre un acte « si violent et courageux ». Sa mort était arrivée peu de temps après une grosse audience dans le cadre de l'affaire « Pétrole contre nourriture ». Quand ils s'étaient vus à ce moment-là, Metzner lui avait même paru « plutôt assez détendu ».

« Ce qui est rassurant ou inquiétant, c'est de ne jamais avoir les clés quant aux mécanismes et aux tréfonds qui ont conduit un être à agir comme il a agi. » Cette curiosité pour l'âme humaine, cette tentative de compréhension des paradoxes, c'est même ce qui l'a poussée à exercer ce métier d'avocate pénaliste et, avec le temps, à l'aimer toujours un peu plus. « Il m'est souvent arrivé, en lisant des dossiers criminels trash, de songer “mais qui a pu commettre un acte aussi terrible ?” et, plus tard, d'arriver en prison et de rencontrer le type, là, en jogging devant moi, qui me dit “bonjour maître” et avec lequel je parle de tout et de rien. En réalité, il pourrait être vous ou votre voisin du dessous. »

# II

# CÉCILE DE OLIVEIRA

*« On a nos propres secrets, notre jardin secret et le parc paysager des secrets de nos clients. »*

En Bretagne, Cécile de Oliveira se baigne toute l'année dans une mer glacée, été comme hiver, et inversement. À Paris, en plein mois de janvier, elle porte une simple liquette de coton, laissant penser qu'elle n'accorde définitivement aucune importance aux saisons. Pourtant, quand elle se remémore un événement, c'est cet élément-là qui lui revient en premier : la saison plutôt que l'année. Dans ce souvenir-là, il faisait chaud. C'était l'été dans ses premiers jours. Peut-être en 2004.

« Je me rappelle une fête de fin d'année à laquelle je n'ai pas pu aller à cause de ce procès, d'une négociation difficile avec ma fille qui était petite et ne comprenait pas que j'aille aux assises plutôt qu'à l'école. »

L'accusé s'appelle Damien et il ne l'a pas choisie pour le défendre. Elle a été désignée par un de ses confrères qui, ne faisant que du droit pénal « à la marge », a jugé l'affaire trop lourde pour lui. « C'est trop compliqué, tu dois le faire toi », lui a-t-il dit. Elle a « plus de bouteille dans le sordide » et a déjà été l'avocate de deux hommes qui ont tué leurs femmes, de deux femmes qui ont tué leurs enfants, de deux jeunes qui ont brûlé le vigile d'un supermarché, ou encore d'un braqueur de banque qui a fini acquitté.

Dans le cas de Damien, il s'agit d'un garçon qui a tué sa mère avant de partir en cavale. Elle n'a que très peu consulté le dossier avant de le rencontrer. C'est la deuxième fois de sa carrière qu'elle croise l'auteur d'un matricide. « La première fois, il était schizophrène », précise-t-elle.

Faire connaissance avec son client en ignorant presque tout des éléments de procédure, elle aime bien ça. Ça permet de regarder sans filtre. D'ailleurs, il est exactement comme ce « voisin de palier » à la tranquillité apparente et au caractère agréable que l'on découvre un jour par surprise dans la rubrique faits divers. Mais ce garçon-là a quelque chose en plus. Il est très beau, « blond avec un joli visage, très intelligent, extrêmement sympathique, doté d'une sensibilité et d'une façon de parler déconcertante de sincérité ». Au moment des faits, il venait d'avoir dix-huit ans. Quand ils font connaissance, il en a vingt et Cécile de Oliveira trente-neuf. « Tout mon travail de relation avec lui va être de ne pas me prendre pour sa mère », explique-t-elle, seize ans plus tard.

Elle montre un intérêt particulier pour la défense des enfants, y voit des « moments professionnels toujours forts ». « Cette fois, pour moi, il est vraiment très clair que le garçon est un enfant, au sens de "l'enfant de sa mère", mais qu'il n'en est plus un. » Il a dépassé la majorité et n'entre pas dans le cadre habituel. Jusqu'ici, elle a plutôt défendu des enfants victimes, ou leurs intérêts. Un enfant dont le père avait tué la mère. Un autre qui se retrouvait pris dans un procès où des adultes, et seulement des adultes, parlaient de lui, à sa place, et où elle devait porter sa parole en le protégeant au mieux. Ou encore – et c'est le verdict le plus violent qu'elle ait connu durant sa carrière – un enfant handicapé victime des violences sexuelles de son père, acquitté par la justice.

Souvent, pour « ces gosses », elle se pose les mêmes questions. Comment utiliser les choses qu'ils vont nous dire sans leur nuire ? Comment faire émerger des vérités quand ils sont en plein conflit de loyauté ? Comment ménager leurs fragilités ?

Dans le cas de Damien, elle se retrouve du côté de la défense, pas des parties civiles. Avec lui, elle essaye d'abord de comprendre comment et pourquoi on en arrive à tuer sa mère.

Lui-même ne sait pas en expliquer la raison. Ce soir-là, il n'a pas supporté qu'elle lui interdise d'aller au cinéma voir *Astérix et Obélix : Mission Cléopâtre* avec ses copains. Le film d'Alain Chabat est le facteur déclencheur. La séance de 22 heures avec ses potes pour rire devant Christian Clavier, Monica Bellucci, Jamel Debbouze et les autres, le catalyseur. Et sa mère qui dit « Non, tu n'iras pas », pour qu'il révise son bac blanc, ce qui va le faire basculer. Ce sont les vacances de février, et sa mère et lui sont seuls à la maison, à Nantes. Son frère aîné et son père sont partis à Paris. Ils dîneront à 19 heures et ensuite Damien ira travailler dans sa chambre. Point. Cécile de Oliveira a une manière très imagée et incarnée de raconter la scène – quelque part entre le spectaculaire et une forme d'humour un peu noir.

« C'est une famille dans laquelle le temps a une précision un peu angoissante. À 18 h 57, sa mère met la soupe dans le micro-ondes. À 18 h 59, ding ! Lui est en train de dresser la table, ouvre le tiroir des couverts, prend un grand couteau et le lui plante dans le dos », détaille-t-elle. « Dans ce foyer, les objets ont une place précise, le déroulé du dîner est tellement ritualisé qu'il ne peut rien se passer… Eh bien, si : il tue sa mère. » Des coups de lame, il en donne plusieurs. Il s'acharne, elle tombe. À ce moment-là, il n'envisage pas d'autre solution que celle de maquiller le crime en cambriolage.

À son propre domicile, il dérobe donc argent, carte bleue, bijoux, enroule sa mère dans un tapis et prend le volant de la voiture familiale. Il fait un arrêt dans une station-service, remplit des jerricanes d'essence et, une fois arrivé à la lisière d'un bois, sort le corps du coffre de la voiture et y met le feu. « Elle brûle, mais pas complètement. Il faut plus de 800 degrés pour cela », précise Cécile de Oliveira. Laissant le corps à moitié calciné, il part rejoindre ses copains au cinéma. Il n'aura pas raté la séance de 22 heures. Le soir même, il dort chez l'un d'entre eux et, le lendemain, trace vers le sud avant d'abandonner la voiture. De retour à Nantes, le père et le frère sont persuadés qu'il s'agit d'un crime commis par « des marginaux » et que Damien a été enlevé. Les gendarmes nuancent un peu – à cause de la séance de cinéma à laquelle il s'est rendu et de la nuit passée chez le copain –, mais pas tant que ça.

Une fiche de recherche, qui circule dans toute la France, aboutira, un an et demi plus tard, à son interpellation par des policiers ferroviaires dans un train qui roule entre Bordeaux et Arcachon. L'homme qu'ils arrêtent n'est plus le garçon « sage, un peu trop sage », entraîneur de ping-pong à l'école et bon élève, qu'il était avant le coup de couteau, ni celui qui allait déjeuner le mercredi avec sa mère à la cantine de l'Insee où elle travaillait. « Pour le coup, ils étaient vraiment dans la statistique moyenne des Français », ironise l'avocate. Depuis, Damien a changé d'identité, il travaille au noir sur des bateaux de pêche et vit en concubinage avec une jeune femme à qui il a dit ne plus avoir de contact avec ses parents. C'est lui que l'on juge aux assises. L'expertise psychiatrique parle d'un « garçon ordinaire et névrosé ». Il n'est pas psychopathe, pas schizophrène, pas psychotique, et il n'a aucune explication à donner sur les faits. Mais il a tué sa mère et fui sa vie, c'est vrai.

« C'est une affaire particulièrement marquante pour moi car elle vient relier mon imaginaire d'adolescente à la vie réelle. » Dans sa jeunesse, Cécile de Oliveira a lu plus d'ouvrages sur la mythologie que de polars. « Quand j'entre dans un conte, dit-elle, je suis vraiment passionnée. Et c'est exactement ce qui s'est passé là. » Elle voit dans cette tragédie familiale un aller-retour entre un mythe dramatique et le décor le plus ordinaire qui soit, comme dans des pièces de

Jean Giraudoux ou de Jean Anouilh. Ce pourrait être *Amphitryon 38* ou *La guerre de Troie n'aura pas lieu.*

À ce moment-là, elle n'a alors qu'une obsession : comprendre pourquoi « les dieux » ont envoyé leur flèche dans cette maison proprette de la banlieue nantaise pour y monter une histoire si extraordinaire. À sa façon de le raconter, Damien et sa famille auraient presque « été choisis ». « L'affaire m'a passionnée du début à la fin pour cette raison-là. Et puis, un jour, j'ai eu l'impression de comprendre pourquoi. » Pour être à la hauteur de ce ressenti un peu hors sol, elle tente d'apporter une explication : « Une explication sans doute orientée par le caractère séduisant de Damien, reconnaît-elle, qui m'a permis de vivre avec une version acceptable de cette histoire. » Comme chaque fois, Me de Oliveira a passé la nuit précédant sa plaidoirie à la construire. À édifier cette façon de raisonner qui lui est propre : proposer à la cour et aux jurés une lecture de l'histoire plus grande ou plus symbolique qu'elle ne l'est. « Si on n'arrive pas à replacer ces affaires dans des espaces plus vastes, on ne fait pas exactement notre travail. » La pénaliste y voit un double intérêt en défense : proposer à l'accusé de se situer à un niveau de responsabilité différent de sa responsabilité directe et le déculpabiliser un peu, et aux jurés de s'inscrire dans un cadre plus large et donc de se distancier de la vengeance directe d'un crime.

« Il y a quelque chose de transcendantal dans ce métier et, selon moi, on ne peut le vivre que comme ça. » Dans sa démonstration, elle use généralement de nombreuses métaphores et expose l'histoire sous différentes formes. « Je pense qu'il est très important de rendre les choses esthétiques. Tout le monde a besoin d'une explication quasi divine à des actes monstrueux. » Pour délivrer la sienne, le texte est très écrit, présenté avec forme et dans une langue recherchée. Le jour dit, elle plaide l'acte qui dépasse Damien, contre lequel il n'a pas pu lutter et qui l'a cloué. Un garçon qui a été le pantin d'une destinée supérieure. Elle argumente sa version. Sa mère, elle aussi issue d'une famille ordinaire, avait vécu une tragédie : la voiture de son père ayant percuté un engin de chantier, il était mort avec trois de ses filles. La mère de Damien, alors enfant, était la seule survivante, et toute sa vie avait été impactée par ce quadruple deuil. Plus tard, en devenant mère et épouse, elle avait refoulé cette histoire traumatique par des névroses de maniaquerie et de contrôle, sans jamais parvenir à être heureuse. Or en la tuant, son fils Damien, qui était un garçon solaire – bien plus que la moyenne –, l'avait sortie de ce destin plombé. Et lui-même s'était ainsi extirpé d'une histoire dans laquelle il avait été précipité à la naissance. Ce fils qui avait tué sa mère, ce n'était pas lui mais quelqu'un d'autre, un être qui avait une mission, un libérateur. Pour étayer sa pensée, Cécile de Oliveira a même expliqué que ce morceau de vie, celui du drame, lui était tellement étranger qu'il avait réussi à se reconstruire : « Ce qui s'était passé dans ce crime n'était pas lui, donc il a pu se raccrocher à une autre existence. » C'est ce qu'a voulu croire son père, un temps. Lorsque la police a arrêté Damien, il était soulagé de le retrouver vivant alors qu'il le croyait mort. Juste avant de comprendre qu'il avait tué sa propre mère et sa femme à lui…

Dans ces cas-là, le « gros risque devant la Cour », confie Cécile de Oliveira, sans s'étendre sur toutes les manifestations physiques qui surviennent juste avant sa plaidoirie, et qu'elle préfère ne pas détailler, c'est « la voix qui tremble et la possibilité de me mettre à moitié à pleurer ». Chaque fois, c'est la même histoire. À force d'empathie, elle arrive à ressentir précisément ce qu'a vécu ou ce que vit l'accusé ou la victime. Elle parle de « compréhension émotionnelle précise de leur douleur ». « Si l'image que je donne me paraît vraiment coller à l'histoire, alors là je flanche », poursuit-elle. Pour éviter ça, elle fait des efforts surhumains et a suivi le conseil de celui qu'elle considère comme son mentor, l'avocat Dominique Raimbourg. « Un jour, raconte-t-elle, sans faire de grand discours ni professer de théorie avec gravité, il m'a simplement regardée et dit : “Tu arrêtes les larmes et tu vas te faire soigner.” »

Elle l'a connu à l'âge de vingt-quatre ans alors qu'elle traînait constamment au Palais de Justice. Il en a quarante, et elle est immédiatement happée par une forme d'admiration professionnelle. Elle ne cesse de l'observer : il arrive à être sympathique et drôle dans tous les dossiers et, à certains moments de sa plaidoirie, à former une vraie alliance avec le jury. Il ne fonctionne pas sur la trouille, il ne fait jamais mal inutilement. « Le contraire d'un Dupond-Moretti », conclut-elle. Devant la cour d'assises, il trouve même le bon moment pour faire retomber la pression de manière toujours décente. Sur ses conseils, la jeune femme est allée sans broncher chez un psychiatre en déclarant : « Il faut que je fasse quelque chose parce que je pleure pendant mes audiences. » Là, elle a trouvé un lieu lui permettant de prendre le recul indispensable lorsqu'on pratique le droit criminel à haute dose. Elle précise : « C'est une forme de supervision de pouvoir être juste dans le métier d'avocat pénaliste. Il faut être à la distance raisonnable du client et ne pas faire de méli-mélo avec sa propre histoire. » Elle pense que chacun est son propre outil de travail et que cet outil doit être « en bon état, bien rangé dans sa housse. Le client ne doit pas payer le fait qu'il soit mal entretenu ».

Qu'a-t-elle dit chez ce psy de son sentiment d'avoir toujours « suivi l'autre » ou de s'être définie en fonction de lui, alors que ce dont elle rêvait était de devenir pénaliste et qu'elle y est arrivée ? Cécile de Oliveira expliquera qu'elle s'est lancée en droit avec l'idée de faire des « contre-études » par rapport à des frères et sœur qui avaient fait des prépas. « Je voulais me dégager de ça, on m'avait déjà appelée Claire, comme mon aînée, pendant tout le lycée. » *Idem* de l'étudiante d'alors, née à Paris, qui ne se voyait « jamais quitter la capitale un jour », mais qui a laissé l'université de Paris 2 et s'est retrouvée à Nantes pour suivre ce garçon qui avait réussi là-bas l'internat de médecine.

Lui a-t-elle parlé de ce copain de TD, « un mec génial, devenu avocat d'affaires », dont elle est tombée amoureuse, et qui portait sa robe d'avocat en guise de peignoir ?

Ou de ce jour où elle décide de passer l'examen du barreau « un peu à l'arrache » ?

Pour sa prestation de serment, elle se souvient de la saison, mais aussi de la date. « C'était à Rennes, le 4 décembre 1989, il faisait très beau et très froid, mon temps préféré. » Elle se rappelle la cour d'appel de Rennes où s'est déroulé ce moment très solennel, sa fierté de porter des gants blancs. Elle peut même décrire pendant des heures les tapisseries « sublimes » qu'elle a eu la chance de voir avant qu'elles ne soient détruites dans un incendie, neuf ans plus tard. Ou encore évoquer la solennité et son exaltation au moment de lever la main droite en disant « je le jure », le jour anniversaire de la bataille d'Austerlitz. Mais elle ne fait pas grand cas, tout de suite, de l'absence de ses parents dans la salle – « pas du genre à célébrer les moments symboliques ». « J'étais un peu comme un enfant de retour de colonie de vacances, qui reste seul sur le quai de la gare parce qu'on n'est pas venu le chercher ». Ni de l'enjeu de l'instant : « Tandis que je prête serment, c'est un peu mon rêve de devenir pénaliste, mais dans ma tête je me dis que c'est complètement inaccessible. » Jamais, dans le cabinet du psy, elle ne l'a interrogé sur ses clients pour nourrir ses plaidoiries ou les comprendre. En revanche, elle est du genre à appeler à l'aide un ou deux confrères qu'elle admire pour qu'ils l'aident quand elle « pédale dans la semoule ».

« Si je me sens trop seule ou en difficulté, je fais monter un confrère avec moi sur le dossier. » Maintenant, elle a une associée. Et auparavant, des confrères, dont elle était sûre, qui l'accompagnaient. Ainsi des cinq ou six très gros dossiers qu'elle a pu avoir ces dernières années. Des acquittements pour viol, pour meurtre. Ou de l'affaire Troadec, où un homme est jugé pour la mort des quatre membres de sa famille. « Quand le dossier est très lourd et le niveau émotionnel intense, je me protège », dit-elle.

Elle est pourtant seule ce jour où elle défend Damien. « J'ai pris dix-sept ans », déclare-t-elle comme si la peine de prison lui était destinée. « Ce qui pour moi est un mauvais résultat, ne l'oublions jamais. » Sa démonstration quasi ésotérique n'a pas séduit, pourtant elle n'a pas honte de choisir cette affaire-là pour la figer dans un livre. La raison de ce choix ne tient pas au seul matricide mais à la relation qu'elle a tissée avec le jeune homme. Au cours des dix-sept années de prison de Damien, Cécile de Oliveira est allée lui rendre visite une ou deux fois par an. « Je n'arrivais pas à terminer l'histoire. Je voulais l'accompagner, comprendre. J'avais un peu peur qu'il se tue aussi », avoue-t-elle. Au début, il n'est pas en désaccord avec sa condamnation. Pas dans la plainte non plus. « Il avait besoin d'un temps assez long avant de sortir. Puis, la peine s'est mise à travailler sur lui », explique celle qui l'observait plus que les autres. Le jeune garçon est devenu triste et sombre, s'est couvert de boutons. Il plonge dans la dépression – « un passage nécessaire pour qu'il accède à la réalité de ce qui s'était passé », analyse aujourd'hui Cécile de Oliveira.

Au milieu de sa peine, c'est-à-dire durant sa huitième année de détention, l'aumônier de la prison qui est également psychologue appelle l'avocate. Quand elle l'entend se présenter au bout du fil, elle reçoit une décharge électrique dans l'oreille. « Damien est mort, c'est certain », songe-t-elle. Mais non. L'aumônier est tenu au secret de la confession mais il lui a parlé et il pense qu'elle doit venir le voir. C'est la première fois que ça lui arrive. Elle s'y rend sans tarder. « À ce moment-là, Damien a complété le récit de son crime d'une manière qui m'a sidérée. » Elle est soumise au secret et n'en dira pas plus ; elle a prêté serment. Elle comprend alors la différence entre l'aumônier et elle : « Lui pensait que Damien avait à rendre des comptes devant la justice des hommes, alors que moi je pensais qu'il devait s'expliquer en direct avec Dieu. » De cette confession, elle ne lui est pas très reconnaissante car il a ajouté de la lourdeur à l'histoire mais, soupire-t-elle, « on n'a pas le choix de ce que nous disent nos clients ». Au fond, elle le comprend : il avait sans doute besoin d'expier – à l'image de ces boutons qu'il avait sur le visage –, et ce n'était qu'avec elle qu'il le pouvait.

Cette affaire, Cécile de Oliveira l'a sélectionnée entre toutes les autres parce qu'on ne peut pas parler de la profession d'avocat sans « évoquer la pesanteur des secrets qui prennent une petite ou une grande place dans nos vies ». Elle ne dévoilera pas ce que lui a confié Damien ce jour-là, pourtant elle vit avec. « Ce qu'on sait de nos clients et qu'on ne dit jamais occupe une partie de nous. » Quelque part, dans le cerveau ou ailleurs, les confidences s'entassent. « On a nos propres secrets, notre jardin secret et le parc paysager des secrets de nos clients, s'amuse-t-elle. Je ne sais pas si on s'y promène beaucoup mais la plupart du temps il nous conduit à modifier nos vies. »

# III

# FRÉDÉRIQUE PONS

*« Avec Guy Georges,*
*je savais que tout pouvait exploser*
*mais je n'avais pas peur. »*

Combien d'années faut-il à une femme pour répondre sans réfléchir à cette question : « Pourquoi moi ? » Pourquoi Alex Ursulet, son ex-mari, cette sorte de frère avec lequel elle peut régulièrement s'engueuler puis se rabibocher, cet homme avec qui les choses se sont un jour terminées, ce confrère intense qui ne se fait pas que des amis au Palais de Justice, est venu, ce jour de l'an 2000, la chercher elle pour défendre Guy Georges avec lui ?

Vingt ans est la réponse. Vingt ans plus tard, dans son bureau où est accrochée une toile signée de l'ex et avocat artiste, sous ce tableau aux couleurs sombres exactement, Frédérique Pons répond sans prendre de pause. « Parce qu'il pouvait tout me demander. Parce qu'il avait confiance en moi. Aussi, parce que je n'avais pas vocation à lui faire de l'ombre. »

À l'époque, ils sont séparés depuis plusieurs années et naviguent dans une de ces périodes sans animosité où ils se voient parfois. Un déjeuner, un café. Ils ont même à nouveau plaidé quelques affaires ensemble, comme lorsque, mariés et associés, ils partageaient le cabinet qui était également leur appartement, leur lieu de vie, tout. Frédérique a, depuis, refait sa vie avec un homme qui a « réparé » tout ce qui chez elle « avait été déglingué » – sous-entendu : par le fameux précédent. Mais la tendresse à son égard est, malgré tout, toujours là. Il est ce membre de la famille un peu intenable qu'on ne parvient jamais à détester vraiment. D'ailleurs, il appelle son nouveau mari « mon beau-frère ».

Au cours de leur toute dernière conversation, « Alex » avait bien confié à son ex-épouse avoir été désigné avocat de Guy Georges, ce tueur en série de jeunes femmes âgées de dix-neuf à trente-trois ans, celui que l'on surnommait « le tueur de l'Est parisien ». Elle n'a pas su si elle devait le croire. Elle a une quarantaine d'années et sait bien comment fonctionnent ce genre d'affaires. Dans les prisons, les détenus discutent, s'échangent des noms d'avocats, leurs numéros de téléphone et, en général, prennent la température chez plusieurs d'entre eux avant d'en choisir un et d'en changer aussi vite. Le voisin de cellule de Guy Georges s'appelle Carlos. Celui qu'on surnomme « le Chacal », ce terroriste vénézuélien condamné par la justice à la réclusion criminelle à perpétuité, a parlé de M^e^ Ursulet à l'accusé qui doit bientôt passer devant la justice pour le meurtre de sept personnes. Mais dans ces grands procès aux lourdes accusations, les choses bougent vite. Faut-il que Frédérique Pons prenne Ursulet au sérieux quand il l'appelle alors et l'implore : « Je ne peux pas aller seul au procès de Guy Georges. Il faut absolument que tu acceptes d'être dans ce dossier avec moi ! »

Cette affaire, et l'enquête qui allait avec, l'avocate ne s'y est pas intéressée. Pire, les dix années de traque du violeur lui ont complètement échappé. Les femmes de Paris ont eu peur, très peur. Elle-même avait bien une belle-fille de l'âge des cibles du tueur ; elle ne s'y est pas penchée pour autant. Jusqu'à ce jour où elle voit débarquer à son cabinet plus de vingt caisses de dossiers. L'ensemble envahit une bonne partie de son bureau. Comme si le « cas Guy Georges » l'attendait dans un coin, se vengeant d'avoir ainsi été nargué, négligé pendant toutes ces années.

Deux mois à peine avant l'audience, elle en consulte les pièces, un peu prise par le temps. Son confrère lui jure que Guy Georges est innocent. Quelque chose a bougé dans sa tête à elle : ça l'intéresse. Cet homme, elle pourrait le défendre. « C'est sans doute de l'inconscience mais je ne me suis jamais posé une seule question par rapport aux faits qu'il avait pu commettre, ni demandé si j'étais prête à assumer un client accusé de telles atrocités », se souvient-elle. Des faits d'assassinats, de viols, ayant entraîné la mort de plusieurs jeunes femmes. Pour interroger cette histoire de crime indéfendable vieille comme le droit pénal, il y aura les autres : dans les dîners, les amis aux idées presque toutes faites (« Comment peux-tu défendre Guy Georges ? »), les connaissances plus lointaines qui demanderont en face ou le dos tourné : « Comment *une femme* peut-elle défendre Guy Georges ? »

Cette femme-là, allure élancée et mèche impeccable, fille d'un médecin qui fut ministre, passée par les écoles les plus estimables d'un Paris bourgeois, ayant réussi HEC après une prépa – « parce que c'était ce que tout le monde faisait naturellement dans le microcosme » –, avant de trouver sa voie, pourrait dans l'absolu défendre « le monstre », tel que le qualifiera plus tard l'avocate générale. « À ce moment-là, j'ai quand même le sentiment d'avoir de la nitroglycérine entre les mains, mais comme je suis un peu timbrée, ça ne me dérange pas. Je sais que ça peut exploser mais ça ne m'inquiète pas. »

Avant de donner son accord définitif, elle ne demande qu'une chose : rencontrer Guy Georges. « La seule chose essentielle pour moi c'est la personne », dit-elle. Ce qu'elle *est*, non ce qu'elle *fait*. « Si quand je la rencontre il n'y a pas un minimum d'empathie, ou qu'il y a un dégoût certain, à ce moment-là, ça ne va pas être facile de la défendre. » Refuser un client pour ce sentiment-là lui est arrivé une fois, une seule, dans sa carrière.

La visite à Guy Georges en prison se passe bien ce jour-là. Il ne semble pas appartenir à cette délinquance d'habitude qui n'a pas envie d'être défendue par une « bonne femme ». En alignant son regard gris-bleu sur le sien, elle ne voit rien sur ce visage qui l'empêcherait de faire son métier. « Je ne décèle pas une once de perversité en lui. » Il lui raconte sa détention, la gym qu'il pratique tous les jours. Elle a deux obsessions : l'expertise ADN dans laquelle elle croit avoir identifié une faille – confortée en cela par son compagnon actuel, biologiste à qui elle a demandé conseil sur cet aspect – et le retournement de Guy Georges qui, après être passé aux aveux en garde à vue, s'est mis à nier les faits qui lui sont reprochés. « Je lui pose alors les deux seules questions qui m'intéressent : “Est-ce que vous avez commis ces crimes ?” “Est-ce que vous êtes prêt à refaire le test ADN ?” »

À son tour de la regarder droit dans les yeux. Il répond « non » et « oui ».

« À partir de là, j'ai eu envie de défendre Guy Georges. »

Elle part, à fond, accepte l'aspect *pro bono*[1] de l'affaire. Guy Georges n'a rien, elle le défendra gratuitement. « Pour ce genre d'affaires, on ne se pose pas la question. Et puis, c'est un peu l'essence du métier après tout de prendre aux riches pour donner aux pauvres. » À ce moment de sa vie, Frédérique Pons intervient surtout en droit pénal des affaires et défend davantage les délinquants en col blanc que les types errant en sweat à capuche comme Guy Georges. À force, business et politique sont devenus pour elle des milieux familiers, le résultat naturel d'une formation mêlant études de droit et école de commerce dont peu peuvent se vanter alors. « Au barreau, on était moins de cinq à avoir cette double casquette et, en tant que femme, j'étais carrément la première et la seule », précise-t-elle. Dans ce cadre-là, elle a déjà défendu l'homme d'affaires français Pierre Botton, soupçonné d'abus de biens sociaux, saga qui a nourri la presse des années 1990.

Elle explique : « Dans beaucoup de procès, la culpabilité est quasi acquise, notre rôle est à la marge, moduler la peine. Alors que là, quelqu'un qui vous

---

1. Terme générique, diminutif de l'expression latine *pro bono publico* qui signifie « pour le bien public ». Le *pro bono* désigne la pratique d'un engagement non intéressé (à titre financier) de professionnels qui donnent du sens à leur métier en servant l'intérêt général.

dit “je n'ai rien à voir avec cette histoire”, c'est le challenge le plus beau qui soit pour un avocat. » Faire acquitter un innocent qui aurait risqué sa tête il n'y a pas si longtemps, c'est ça qui est excitant. La cour d'assises – où, juste après avoir prêté serment au début des années 1980, elle s'était juré de ne pas passer sa vie – a alors un goût presque grisant. En y entrant, personne, et surtout pas elle, ne peut s'empêcher de se demander : est-ce que moi je vais arriver à bloquer cette machine infernale et à faire sortir cette personne d'ici ? En plein hiver, dans son cabinet proche du Trocadéro, le visage de Me Pons s'éclaire : « Vous connaissez quelque chose de plus exaltant ? »

Le 19 mars 2001 a donc marqué le premier jour du procès. « Quand l'affaire s'est ouverte devant la justice, je n'avais pas regardé la presse », rappelle-t-elle. La pression médiatique incarnée par la horde de journalistes à l'audience n'en est que plus choquante. Elle entre dans le procès la tête froide, malgré tout. La veille, Jean-Marc Varaut, l'un des ténors de l'époque, figure catholique et droitière, est venu la voir. Il est celui qui, en 1998, a défendu Maurice Papon, condamné alors à dix ans de prison pour complicité de crimes contre l'humanité. Il est aussi l'avocat qui a marqué le monde judiciaire par l'une des plus longues plaidoiries de son histoire (trois demi-journées). « Il faut que vous ayez bien conscience d'une chose, vous vous apprêtez à plaider l'affaire de votre vie ! » lâche-t-il. Un vrai beau cadeau empoisonné.

Frédérique Pons a oublié sa réponse mais elle sait parfaitement ce qu'elle a pensé sur le moment. « Plaider un acquittement est, si l'on peut dire, “facile”, mais en plaider sept, il faut arriver à trouver de la matière ! »

Plonger avec le droit, rien que le droit, cette « bouée merveilleuse » qu'elle a adorée et adore encore. Analyse chirurgicale et conclusions, c'est ainsi qu'elle agit et aime faire. Dans la procédure, l'ADN est un point sur lequel elle ne veut pas lâcher. Elle demande que les données génétiques de Guy Georges soient réexaminées et comparées à celles retrouvées sur le mégot de cigarette d'une des victimes ayant réussi à s'échapper et sauver sa peau.

Dans les premiers jours devant la Cour et les jurés, Guy Georges nie sa culpabilité. Sa ligne est unique, droite : « Non, ce n'est pas moi. » Frédérique Pons tente de mettre en lumière une autre personne, en se fondant notamment sur cette recherche ADN douteuse, point d'achoppement. Dans son entourage, l'incompréhension perdure : « Comment peux-tu plaider qu'il est innocent ? » « À partir du moment où nous avons eu tous les deux notre conversation initiale dans laquelle il me certifiait qu'il n'était pas coupable, il n'était pas question pour moi de le faire avouer. » Ursulet et elle se mettent à dos toutes les parties civiles. « J'ai en mémoire le regard glacial de certains jurés sur nous », se rappelle Frédérique Pons.

La première semaine est tendue, le climat agressif. Ils reçoivent des mots désagréables. Un des avocats va même jusqu'à réclamer la peine de mort (et donc son rétablissement) pour Guy Georges. Deux décennies plus tard, Frédérique Pons ne cautionne toujours pas qu'un avocat ait osé franchir cette limite. L'accusé, lui, reste assez discret. De son box, il aperçoit peut-être un ou deux compagnons de squats venus assister à son procès, pas plus. Abandonné à sa naissance, il n'a pas vraiment de famille. En prison, il reçoit énormément de courrier, des lettres très nourries, principalement d'admiratrices qui veulent à tout prix le rencontrer. Le tribunal et l'extérieur ne vibrent pas au même rythme. La société est chaque jour un peu plus fractionnée et surprenante. Mais le procès se poursuit.

Plus la semaine passe, plus Frédérique Pons se réjouit d'être solide, très solide. « Il faut être serein dans sa vie personnelle, explique-t-elle, pour encaisser toute la tension du procès, les images, les douleurs. » Pendant les suspensions, au moment où son corps pourrait se détendre enfin un peu, elle doit pouvoir répondre à cette partie civile, cette mère qui a perdu sa fille et qui veut absolument rencontrer Guy Georges pour comprendre. Il faut aussi lui parler à lui, l'accusé, le détenu en sursis qui n'a qu'elle et son confrère pour interlocuteurs. Des journées entières passées seul. Comme en cellule, mais au palais. Il faut tenir jusqu'au soir, au moment de rentrer chez soi et retrouver le foyer et l'homme qui apaisent. Pousser jusqu'à la fin de la semaine qui va inévitablement conduire au week-end de répit. Voilà une échéance à laquelle se raccrocher.

Seulement, le déroulé des audiences ne lui offre pas ça. Ce vendredi-là, en fin de journée, Guy Georges est interrogé par M^e^ Solange Doumic, avocate de parties civiles, qui lui fait remarquer que, contrairement à ce qu'il affirme depuis le début du procès, ses gestes à l'audience trahissent qu'il est bien gaucher, comme le tueur, et non droitier comme il le prétend. Guy

Georges s'agace et, pour prouver qu'il est droitier, se retrouve à mimer d'une main un geste, celui qu'un homme ferait avec un couteau pour tuer quelqu'un. Ce geste ne ressemble à rien d'autre. Il ne peut ressembler à rien d'autre. Personne ne s'y attend, pas même son avocate. Cet égarement féroce, c'est un rebondissement qui n'arrive jamais dans une carrière. Ce qu'elle appelle une « explosion en plein vol » resurgit dans sa mémoire. Aujourd'hui, les chaînes d'information en continu en seraient folles, leurs journalistes piétinant dans le hall du tribunal dans l'attente de sensationnel. À l'intérieur, c'est une tragédie.

« À partir du moment où il fait ce geste, tout est dit. Pour moi, c'est plié. » Ursulet est très en colère. Frédérique Pons est encore sous tension, dans le constat opérationnel de ce qui est en train de se passer sous ses yeux. « Tant qu'on n'a pas quitté la Cour, on est toujours dans une forme de combat. C'est après seulement que viendra l'abattement… » Son client a commencé à opérer une mue, une mue presque physique. Une question l'a piégé, la rage s'est emparée de lui. Dans la pièce mitoyenne de la salle d'audience – là où avocats et accusés se retrouvent lors des suspensions –, Frédérique Pons a, pour la première fois depuis leur rencontre, peur de Guy Georges. Posté dans un coin, toujours à distance, de manière à ne pas entendre les conversations confidentielles entre l'accusé et son conseil, un gendarme s'est interposé entre la jeune femme et celui qu'elle était en train de découvrir. Il a bondi sans même avoir vu ce que la pénaliste venait de déceler dans le regard de son client. Un instinct de défense pure. S'agissait-il de violence ? Me Pons ne détaille pas, elle se permet juste un « J'étais contente que le garde soit là. Il n'aurait pas fallu que ça dérape… ».

Paradoxalement, c'est à ce moment-là, lorsque l'accusé est le plus à cran, que son avocate doit être présente pour lui. « Qu'est-ce que défendre ? s'interroge-t-elle alors. Un avocat est censé porter la parole mais aussi aider à la parole. » Elle qui le croyait innocent doit opérer un tournant à 360 degrés. Face à cet être fermé, elle tente de trouver la petite brèche. L'objectif est ailleurs, maintenant. Arriver à ce qu'il formule, à le faire parler, ne serait-ce que pour que les familles cessent de s'interroger. « La mort de l'autre est évidemment insupportable mais quand on se pose des questions, c'est pire. » En prononçant cette phrase, elle semble en avoir fait un principe plus vaste que cette affaire. On croit y déceler la leçon d'une expérience plus personnelle : « Je crois qu'en général il vaut mieux avoir le courage de dire “j'ai fait ça”. »

C'est à ce moment-là, dans ce revirement extrême du procès, que vient témoigner à la barre la sœur d'une des victimes. Le souvenir est clair. Une jeune femme très gracieuse, très émue, qui s'adressait à Guy Georges pour lui demander de parler. Est-ce sa façon de se mouvoir, de danser presque, qui a fait bouger les lignes ? La forme de gâchis qui transparaissait à travers elle ? Le fait de se dire « tout ça pour ça » ? Cet homme qui avait fait tant de mal pour finir ici, muré dans son silence ?

« C'est vrai qu'à cet instant j'ai été submergée par l'émotion. » Ce vendredi après-midi-là, dans la salle de la cour d'assises, en pleine audience, Frédérique Pons, avocate de l'accusé, a pleuré. Ses larmes ont marqué plus que d'autres. Plus que celles versées sur les bancs de la presse ou dans le public. « C'était comme si, d'un coup, d'autres que moi comprenaient qu'on peut défendre tout en entendant la douleur de l'autre. Je n'étais plus le mauvais objet car j'étais en empathie avec les victimes. Il y a, contenu dans ce moment précis, mon métier en entier. » Plus jamais, depuis, elle n'a cédé à ce point au trouble. Ou alors une fois très récemment quand, se battant devant la chambre de l'instruction pour qu'un de ses clients soit placé en établissement hospitalier, elle a reçu un SMS de la famille l'informant qu'il s'était suicidé. L'impuissance avait ce jour-là un goût d'injustice. Mais avec Guy Georges, il restait encore, pensait-elle, quelque chose à sauver. Une solution à trouver qui pouvait apporter une forme d'apaisement. « Et ça n'est pas venu de moi. »

Car après sept jours d'audience, Guy Georges a fini par avouer. Il est 14 heures dans la cour d'assises quand Frédérique Pons lui demande comme en le pressant : « Guy Georges, pouvez-vous dire quelque chose ? » « Non. » Le sentant sur le point de flancher, Alex Ursulet prend alors le relais : « Si vous avez un poids trop lourd en vous, sortez-le ! »

L'avocat enchaîne les noms des victimes. Guy Georges a maintenant les larmes aux yeux et reconnaît huit des onze meurtres et agressions qui lui sont reprochés.

C'est là que se produit un « moment d'assises » comme il en arrive rarement. Juste après ces aveux, une fois son dernier mot prononcé, au milieu d'un silence d'une qualité inouïe dans une salle bondée, s'élève une petite voix, celle d'une mère qui dit : « Merci. » Une formule à peine soufflée qui a résonné comme un cri. « Cette femme était la preuve que l'apaisement était revenu. » La semaine s'était déroulée sur une mer déchaînée, et désormais le vent était tombé. Calme plat.

Dans la presse, certains avocats se lâchent, croient savoir que Pons et son confrère, qui ont mené une défense d'acquittement jusque-là, doivent quitter la barre. « Nous étions les seules personnes en qui Guy Georges avait confiance. L'abandonner là était en cet instant inconcevable pour moi. » Sur ce choix, ses semblables l'interpellent encore aujourd'hui. Elle s'amuse de ce paradoxe qui conduit les avocats pénalistes à penser qu'il faut sortir du procès quand le coupable a avoué ; souvent les mêmes capables de faire preuve de snobisme lorsqu'il s'agit de défendre des parties civiles. Être de ce côté-là de la barre lui est rarement arrivé. Ou alors l'accusé était un braqueur et elle s'occupait de la banque. Elle ne trouve pas ça « déshonorant » pour autant.

Dans le cas de Guy Georges, il était hors de question pour Frédérique Pons de ne pas plaider malgré ses aveux. Ni en tant qu'avocat. Ni en tant qu'avocate. « Je ne voulais pas que l'on pense que je me dégonflais parce que j'étais une femme et qu'une femme ne pouvait de toute évidence pas défendre un type pareil. »

De cette période demeure une image très forte qui lui est souvent revenue. À la fin de cette journée intense, Alex et elle se sont retrouvés devant un whisky pour se demander : « Et maintenant qu'est-ce qu'on va plaider ? »

Ils ont pris le temps du week-end pour en parler. Elle avait la tête un peu plus hors de l'eau que lui, foncièrement choqué par la culpabilité de Guy Georges. Le lundi venu, c'est davantage à l'attention de Guy Georges que pour les autres qu'elle a plaidé. Les réquisitions de l'avocat général, quand elles sont très dures, ont cette qualité pour un avocat de la défense de pouvoir être un bon appui. Concernant Guy Georges, on pouvait y trouver des mots qui « niaient l'humanité » de l'accusé, décrit comme un monstre, un vaudou. La pénaliste s'en est servie comme dans une prise de judo, pour en faire sa force.

« Ma plaidoirie a consisté à démontrer que ce serait plus facile pour nous tous s'il était effectivement un monstre, mais qu'en réalité ce n'était pas si simple parce qu'il ne l'était justement pas. » Dans la dernière partie de sa démonstration – dont elle se souvient comme si c'était hier –, elle tente de comprendre comment la société a fabriqué un individu qui n'avait rien de mauvais au départ. Dans ces cas-là, elle s'appuie sur les expertises psychiatriques, passées alors au tamis de sa finesse. Elle se souvient des mots employés par un spécialiste venu parler de Guy Georges comme d'un être qui, à force d'années de foyer et de prison, « appartient à l'administration ».

Sur le moment, elle a donc voulu lui redonner son statut d'être humain, revenant sur cette vie où, adopté très tardivement, Guy Georges aurait été « dépossédé de son identité jusqu'à ses six ou sept ans ». Sur sa personnalité tellement complexe, tout en gardant en ligne de mire le contact si fort qu'elle avait pu avoir avec lui avant les derniers rebondissements. De là où elle se plaçait, elle le voyait différemment. Sa seule idée était de s'adresser à lui pour qu'il s'accroche à un epsilon d'humanité. Vingt ans plus tard, l'avocate parle encore de celui dont la fiche Wikipédia cite une « liste de 21 victimes connues » comme d'un « pauvre garçon qui finalement aura passé sa vie en détention ».

À la fin du procès, il l'a tout de suite prévenue : « Je ne fais pas appel, c'est trop fatigant. » Il n'était plus question de test ADN, plus rien. Elle est rentrée chez elle en se demandant comment il allait vivre l'enfermement à perpétuité qui avait été prononcé par la cour d'assises.

Au début, Frédérique Pons est allée le voir en prison. Mais elle n'y est plus retournée depuis un moment. « Il y a des gens que j'ai défendus auxquels j'étais assez attachée, et j'ai compris que l'avocat appartient à la page noire de leur vie. Quand ils la tournent, ils tournent l'avocat avec. Il a fallu deux ou trois fois pour que je comprenne ça », raconte-elle. Aujourd'hui, elle trouve même assez « sain » le fait d'appartenir à une période de la vie de quelqu'un qu'il souhaite oublier.

Ce n'est pas le cas de Guy Georges. Son vieux client l'appelle encore de temps en temps. Pour parler de tout ou de rien. La dernière fois, il avait la voix d'un homme malade. En 2020, elle a reçu un coup de fil de l'administration évoquant la possibilité de sa sortie. Guy Georges pourrait théoriquement recouvrer la liberté, la peine de sûreté maximale dont il a écopé, vingt-deux ans, arrivant à son terme. Vingt ans de sa vie d'avocate ont défilé sous ses yeux à une vitesse folle, comme peu d'autres appels téléphoniques ont le pouvoir de le susciter. Pour qu'il sorte de prison aujourd'hui, il faudrait qu'un psychiatre certifie que Guy Georges n'est pas dangereux. En France, les pétitions ont déjà fleuri pour éviter cela. Les signataires ont le temps de se rassurer. « Je ne connais personne sur cette terre qui prendra cette responsabilité, reconnaît-elle. Sans parler du fait qu'il n'y a pas dans notre pays de moyens suffisants pour un véritable travail de psychothérapie en détention. »

Qu'est-ce que l'affaire Guy Georges a changé dans sa vie ? Elle sourit alors qu'elle s'apprête à minimiser l'impact : « Je ne me gare plus jamais dans un parking souterrain et aucune de mes amies ne le fait. Tant pis si on reçoit beaucoup de contraventions. » En réalité, « l'affaire de sa vie » ne l'a pas vraiment quittée. Elle revient de temps à autre. Là où elle ne l'attend pas forcément.

Comme cette fois où elle a plaidé dans une affaire de viol et que l'avocate de la partie civile a ouvertement déclaré aux jurés : « Elle plaide l'acquittement pour son client mais sachez qu'elle a été l'avocate de Guy Georges. » Dans un autre registre, plus léger et hors des prétoires, le cinéma a immortalisé son rôle dans ce procès. « Voir son personnage joué au cinéma, ça, c'est insensé. » Pour coller au plus près du rôle de la pénaliste, l'actrice Nathalie Baye a demandé à dîner avec elle. Sa seule question a alors été : « Quand on dit que vous avez pleuré, c'était vraiment des larmes ? Des larmes comment ? » Sorti en 2014, le film de Frédéric Tellier, *L'Affaire SK1*, a mis en avant son personnage, pas celui d'Alex Ursulet. « Une histoire de casting qui s'était monté sur la comédienne bankable. »

À ce moment-là, elle a refusé qu'on publie son portrait en dernière page de *Libération*, et d'autres articles dans la presse. Comme à l'époque, elle n'a pas surfé médiatiquement sur « la femme qui défendait Guy Georges ». « J'ai été hyperclean avec Alex », indique-t-elle. À trop le connaître, elle savait que cette exposition pouvait lui déplaire. Malgré ces précautions, après la sortie du film, il ne lui a plus parlé pendant deux ou trois ans. Finalement, Frédérique Pons pouvait bien lui faire de l'ombre.

# IV

# FRÉDÉRIQUE BAULIEU

*« Pleurer en audience ? Jamais.*
*On pleure seule. »*

Ce sinistre matin d'hiver, juste avant de quitter Paris à 5 heures dans sa petite voiture pour rejoindre une cour d'assises de province, Frédérique Baulieu avait glissé sa brosse à dents dans son sac à main. Au cas où elle devrait passer la nuit sur place. La perspective que les choses traînent en longueur était pourtant faible tant l'audience, prévue sur une seule journée, lui laissait penser que l'affaire était « déjà pliée ». L'homme qu'elle allait défendre avait entre quarante et quarante-cinq ans – son âge à elle, à l'époque, voire un peu moins. Il avait été accusé par les fils de sa compagne – deux frères d'une dizaine d'années – d'avoir procédé à des attouchements sexuels sur eux. Condamné à cinq ans d'emprisonnement devant la cour d'assises, il avait alors décidé de faire appel. C'est pour ce nouveau procès qu'il avait besoin de l'avocate.

Elle ne se rappelle pas pourquoi il l'a appelée elle mais se souvient de lui comme « quelqu'un qui ne m'a pas particulièrement touchée ou intéressée ». Assise aujourd'hui dans la salle de réunion du cabinet qu'elle occupe, avec vue sur la rue de Rennes à Paris, elle évoque une affaire « banale », d'un « type assez banal » qu'elle ne connaissait pas et avec lequel il n'y avait pas « d'enjeu particulier ». C'est de cette histoire pourtant que Frédérique Baulieu a décidé de parler. Elle qui a défendu Dominique Strauss-Kahn dans l'affaire du Carlton, le directeur des ressources humaines d'Air France agressé par les salariés de la compagnie ou encore le numéro 2 de France Télécom dans le cadre des suicides de salariés, soutient que les procès médiatiques ne sont pas forcément les plus marquants dans la vie d'une avocate.

Elle en a choisi un sans caméra. Au Mans. Elle s'y est rendue seule, sans collaborateurs, sans appui. Un palais de justice dans lequel il n'y avait aucun copain à qui dire bonjour, pas de visage familier à saluer du côté des juges. Aucune douceur. « C'était une expérience de solitude à la fois physique et psychique. Je devais être le rempart de quelqu'un en n'ayant moi-même aucun repère », résume-t-elle. Seulement voilà, elle était là parce que ce « type assez banal » avait vu sa vie basculer et s'était retrouvé en prison. Sans doute aussi parce que cette histoire « n'intéressait personne » et semblait avoir été bâclée.

À l'époque, elle est avocate depuis vingt ans, déjà associée à l'immense avocat Henri Leclerc, totem des pénalistes, et pratique tant le droit pénal des affaires que le « droit pénal pénal » (*sic*) depuis la Conférence du stage[1]. « Toutes ces affaires humainement

1. La Conférence des avocats du barreau de Paris est un concours d'avocats fondé en 1818. Elle rassemble chaque année douze jeunes avocats élus par leurs pairs à l'issue d'un concours d'éloquence pour assurer la défense pénale d'urgence dans des affaires particulièrement sensibles.

et juridiquement invraisemblables de criminels », définit-elle.

À ce moment-là, elle n'a plus vingt-cinq ans et affiche une certaine expérience. « Je sais lire un dossier et il est clair que celui-là peut conduire à une condamnation sans que personne n'y voie un scandale », dit-elle. La décision en première instance n'est même pas scandaleuse. Il y a des contradictions de dates, mais qui ne sont pas suffisantes pour faire tomber la procédure et, dans le même temps, des accusations de fellations et de caresses de la part d'un homme qui n'a « aucun antécédent, aucune perversion sexuelle ».

Elle y voit la potentialité de faire basculer le résultat d'un côté ou de l'autre. « Tout était possible », se souvient-elle. Ce champ tout noir ou tout blanc vient titiller les interrogations qui ne la quittent presque jamais. « Est-ce que je sers à quelque chose ? Est-ce que la machine judiciaire n'est pas la plus forte ? »

Le résultat est venu lui apporter quelques réponses. À 2 heures du matin, l'homme qu'elle défend alors est acquitté. Il pleure dans ses bras, le gendarme aussi. Pas elle. Elle peut être malade avant de plaider, ressentir physiquement dans son ventre et au niveau du cœur la peur de perdre. Mais pleurer en audience, jamais. « On pleure seule », tranche Frédérique Baulieu. Ou sur son vélo. Ou dans sa voiture. « Où on veut, mais dans un tribunal ça ne se fait pas. » Cette certitude énoncée comme une règle déontologique est peut-être l'héritage d'une rencontre.

Après des débuts chez un pénaliste de terrain avec qui elle a fait ses armes et deux années passées chez un autre, la jeune pénaliste a candidaté chez M^e^ Thierry Lévy, avocat emblématique, extrêmement brillant, aux idées tranchées et au verbe acéré. « J'avais envie d'apprendre le métier là, et c'est là que je l'ai appris. » Les années sont très dures au côté de ce professionnel sans concession et à l'insatisfaction permanente. Elle l'entend encore répéter sa phrase fétiche : « Frédérique, ça ne va pas du tout. » Pas question de s'adresser à une greffière sans connaître son prénom. Interdiction de prononcer le mot « client » et préférer « la personne que j'assiste » (ça lui est resté). « On n'est pas des commerçants », s'agaçait-il. Et, par-dessus tout, prendre un soin absolu à ce que l'on écrit et à ce que l'on dit. « Ne faites pas de mots avec la bouche », préconisait-il. Dans ses plaidoiries, il n'y avait pas de « gras ». Jamais de blague. Aucun bon mot. « Il m'a appris à travailler. » Inutile de préciser que Thierry Lévy détestait les larmes.

« Il était capable de dire des choses d'une violence inouïe à certaines personnes, comme cette fois où il a écrit à une consœur "Cessez avec vos manières de cocotte frisée", mais je n'ai jamais vu un avocat plus gentil avec les jeunes confrères », nuance-t-elle. Il était radical et en colère, il ne supportait pas l'establishment et détestait l'institution et les vertueux. Là-dessus, ils se sont compris. M^e^ Baulieu n'est pas un produit « issu de la reproduction », comme d'autres peuvent l'être. Devenir avocat n'est pas le rêve d'une petite fille qui en a côtoyé durant son enfance, ni le résultat d'une lignée ou d'un milieu dans lequel elle a évolué.

Partie tôt de chez elle, après un baccalauréat obtenu très jeune, elle a choisi le droit « car c'étaient des études qu'on pouvait faire en travaillant » et elle devait gagner sa vie. À vingt ans, elle se retrouve alors diplômée et considère qu'elle a rempli sa mission vis-à-vis d'elle-même : suivre des études. Elle fait alors « tout autre chose ». Frédérique Baulieu n'aime pas livrer des éléments de sa vie personnelle. À ne pas se confier, elle crée une part de mystère et ouvre en grand l'imagination. Elle raconte quand même quelques petites choses : « J'ai travaillé dans un restaurant, dansé, voyagé et, cinq ans plus tard seulement, décidé d'essayer le métier d'avocat. » Lorsqu'elle prête serment, elle n'a toujours aucun lien avec le monde judiciaire et se fait « engueuler » par le rapporteur. Il fallait – il le faut toujours – deux témoignages écrits, deux lettres de personnes se portant « garantes de la moralité » du futur professionnel du droit. Elle a sollicité son médecin généraliste et un notaire. « Vous n'avez pas un avocat ou un magistrat dans votre entourage ? » lui demande-t-on. Non, aucun. Cette anecdote lui en rappelle une autre. Cette copine avocate candidate comme elle à la « Conférence », qui passe le deuxième des trois tours (un exercice où le discours est préparé en cinq heures). Le bâtonnier la reçoit comme il est d'usage. Le moment est assez solennel, il la félicite d'avoir franchi les deux premières étapes, de pénétrer dans ce petit cercle très fermé, et lui demande pour faire la conversation : « Et que font vos parents ? » Lorsque la jeune femme lui répond « Ma mère est coiffeuse », le bâtonnier bredouille un « Oh ! Excusez-moi ». Ce milieu empreint d'entre-soi,

Frédérique Baulieu n'a jamais vraiment eu vocation à y entrer.

Pourtant, cette nuit-là, une fois le procès terminé et l'acquittement prononcé, lorsqu'elle prend la route en sens inverse pour regagner Paris, elle se sent « exactement au bon endroit ». Il lui reste en tête un cliché de ce souvenir. À 3 heures du matin, quelque part entre Le Mans et Paris, Me Baulieu fait une halte dans une station-service. Pour rester éveillée, elle boit des cafés avec des routiers « trop sympas », qui cherchent comme elle à combattre le sommeil. Elle insiste : « J'étais vraiment la reine du monde ! » Cette capacité à changer l'existence de quelqu'un, elle la vit comme un moment de plénitude. « Un résultat qu'on espère est un vrai bonheur, et ce n'est pas si souvent », reconnaît-elle. Ce jour-là, elle a réussi à gripper la machine, à « chambouler le train-train » et modifier un destin individuel. « Je menais mon chemin d'avocat au pénal mais cette affaire m'a donné de la confiance, en moi et dans le système. »

Avant ça, l'audience en solitaire a été très dure. C'était une période, avant le procès d'Outreau, où la parole des enfants était encore sanctuarisée. Les deux garçons parties civiles sont considérés alors comme tout à fait crédibles et la psychologue qui les a expertisés a insisté sur le fait qu'ils « ne mentent pas ». D'ailleurs, elle a demandé à rester pendant l'interrogatoire de l'accusé afin de pouvoir donner son avis sur la manière dont il a répondu.

Malgré cela, et le côté « bâclé » de l'arrêt rendu en première instance, l'affaire montre une fois de plus à

Frédérique Baulieu à quel point le caractère oral des débats à la cour d'assises peut changer les choses.

« L'audience peut me faire découvrir à moi-même des détails que je n'avais pas perçus. » Quand la pénaliste entend la mère des enfants, elle saisit un aspect du dossier qui lui a échappé. Le comportement très fermé et autocentré de cette femme décontenance. Elle n'est pas focalisée sur le fait de protéger ses enfants mais sur elle-même. L'avocate comprend alors que les accusations de ses deux fils, qui sont intervenues à un moment où elle était déjà en conflit avec l'accusé, père de son dernier enfant, sonnent comme une redite. Il lui semble que cette femme, qui se tient à la barre devant elle, a la manie de faire des enfants avec des hommes avant de les éliminer de son existence et de son cercle. En l'interrogeant, elle la met en difficulté et démontre que ce fonctionnement a eu lieu avec les deux précédents pères. « Chaque fois, elle quittait les hommes et expliquait à quel point il était normal qu'ils ne voient pas leurs gosses. » Après coup, le président a précisé à l'avocate des parties civiles que sa cliente avait fait « mauvaise impression ».

Pourtant, si elle a senti le procès vaciller à ce moment-là, Me Baulieu n'est pas certaine qu'il s'agisse du fameux « instant où tout a basculé » que l'on évoque pour faire spectaculaire.

Non, ce qui l'a le plus marquée c'est lorsque, au moment du réquisitoire, l'avocate générale s'est adressée aux jurés : « Vous serez sourds aux arguments de la défense. » « Dire ça à un jury, c'est exactement le contraire de la justice. Pour moi c'est le cœur du métier : quand, pour tenir, l'accusation demande que la défense ne soit pas écoutée, il y a quelque chose qui ne va pas. Je crois que c'est pour ça que je n'ai pas oublié cette affaire », soupire-t-elle.

Resurgissent alors les vieux démons de la grande et énorme machine qui n'est pas toujours juste. Ainsi Me Baulieu est plus souvent du côté des prévenus et des accusés que des autres. Elle insiste, avec une certaine virulence : « Je n'ai jamais été partie civile quand c'est au soutien de ce personnage haïssable qu'est le procureur de la République. » Elle préfère tout ce qui est en lien avec « les gens qui transgressent ». Ce qui la passionne, c'est se demander pourquoi et comment elle peut faire entendre leur voix, soit parce qu'ils sont innocents, soit parce que, même s'ils ne le sont pas, ils ont des raisons d'avoir agi ainsi. « Ce qui m'intéresse, c'est de faire comprendre ce qu'ils sont au-delà de ce qu'ils font, quitte à affronter le droit, l'ordre et parfois même la morale en créant une passerelle entre ces valeurs et ces gens qui ne sont pas dans cette conformité-là. » Mais ce rôle et cette place ne sont pas toujours bien compris.

C'est le cas de l'affaire qui est le plus souvent citée quand on évoque sa carrière. En 2011, lorsqu'elle a défendu Dominique Strauss-Kahn, mis en cause dans l'affaire du Carlton à Lille pour des faits de « proxénétisme aggravé », elle a décortiqué toutes les incohérences du dossier et fait tomber les arguments des parties civiles – en l'occurrence des associations de défense des prostituées – les uns après les autres. Ce n'était pas le plus difficile pour celle qu'on considère comme une dentellière de la procédure. L'aspect médiatique a été bien plus compliqué, et surtout « ce que l'affaire créait dans ma vie quotidienne. Ça modifiait les comportements des gens vis-à-vis de moi ». Dans certains dîners, quand des convives comprenaient qu'elle était l'avocate de DSK, ils ne lui parlaient pas. « J'ai perdu des amis. » Elle se rappelle aussi cette copine, qu'elle n'avait pas vue depuis longtemps, rencontrée par hasard avant même la mise en examen de l'ex-directeur du FMI, et qui, alors que le nom de Frédérique Baulieu circulait déjà pour sa défense, ne lui a dit ni « bonjour » ni « comment vas-tu ? » mais « comment tu peux défendre ce type ? ». *A contrario*, elle se souvient aussi de ceux qui ne lui avaient jamais adressé la parole au Palais et se sont mis à la saluer. « Cette affaire rendait les gens dingos. J'ai été très peu confrontée à des comportements normaux. Quelque chose s'est noué autour de cet homme qui n'était ni Guy Georges ni un escroc notoire mais sur lequel on avait plaqué beaucoup. »

Dix ans plus tard, elle peut presque comprendre leurs réactions : « C'était symbolique, il devait être président de la République ! » Mais sur le moment, c'était impossible pour elle. Comme dans chaque affaire qu'elle a accepté de porter, elle devait y croire au premier chef, adopter un point de vue – celui de la défense – qui est rarement celui du camp du politiquement correct.

Souvent, ses enfants lui ont rappelé à quel point leur éducation a été marquée par sa façon de regarder la société différemment des autres parents : « Tu ne te rends pas compte de ce que tu ramenais avec toi, à quel point on était décalés. » « Quand je rentrais à la maison, trouvant dégueulasse que mon client ait été condamné à deux ans de prison ferme, et qu'ils me demandaient ce qu'il avait fait, eh bien, je répondais la vérité : "Il a découpé un petit vieux en morceaux !" »

De temps en temps, ils évoquent leur impression de ne pas avoir été élevés comme les autres. Ils parlent d'une « éducation originale ». « Mais aujourd'hui, s'amuse la mère de ces trois trentenaires, même s'ils se foutent de moi, ils le voient plutôt de façon positive. » Est-ce une conséquence de ce décalage ou le résultat de ces années d'enfance où ils la voyaient aller en prison le week-end ? Aucun d'entre eux n'a fait du droit. L'aînée de ses filles est directrice de production, son fils pédopsychiatre et la plus jeune des trois vient de passer avec succès sa thèse en physique quantique. C'est ce qui les rend heureux. De toute façon, ça n'aurait pas été le genre de Frédérique Baulieu d'être à la tête d'une dynastie d'avocats.

# V

# CAROLINE TOBY

*« Chez moi, le procès Ilan Halimi nous a tous abîmés. »*

Il faut imaginer une salle entièrement vide où les témoignages résonnent plus qu'ailleurs. Une cour d'assises à huis clos, un procès qui dure trois mois, d'avril à juillet, de 9 heures du matin à près de 22 heures et, un jour, la présidente qui décide de faire écouter une cassette. Un enregistrement d'Ilan Halimi implorant au téléphone : « Maman, sauve-moi, maman, enlève-moi de là. »

« Au moment de l'écoute, le fils est mort puisque nous sommes ici et c'est insoutenable », se souvient Caroline Toby. Un peu avant la diffusion, l'avocate a conseillé à la mère – sa cliente – de sortir. Ruth Halimi est restée.

Des procès d'assises compliqués, des plaidoiries difficiles, elle en a déjà vécu plusieurs dans sa carrière, débutée seize ans auparavant, « mais des instants comme ça marquent pour une vie », insiste-t-elle. Dès le premier jour, soit moins d'une semaine après la mort du jeune homme séquestré, torturé pendant vingt et un jours, puis brûlé vif, elle n'a eu qu'une envie : être avec Ruth Halimi tout le temps, lui dire « je ne sais pas ce que je vais pouvoir faire mais j'ai envie de le faire ».

À dire vrai, ce silence dans la salle, Caroline Toby et son associé Francis Szpiner le vivent un peu comme un échec. Leur échec. Ils ont tenté d'éviter le huis clos, se sont battus pour que l'audience soit rendue publique avec cet argument tout simple : il ne faut pas que ce genre de drame se reproduise, il faut donc que les gens sachent. Qu'ils sentent cette tension à l'intérieur, qu'ils entendent ces vingt-six prévenus défiler à la barre pour se justifier d'avoir agi sous les ordres d'un homme, Youssouf Fofana, avec pour conséquence la mort d'Ilan Halimi.

Elle aurait aimé que les gens le voient lui, le chef du gang des barbares, « totalement ingérable », dans le box des accusés. Qu'ils entendent sa toute première phrase à la mère de la victime. Une formule qui ressemblait en gros – la mémoire de Caroline Toby l'a un peu occultée – à « c'est *votre* victime parce que vous n'avez pas payé ». Ou encore, la plainte de cette même mère, en écho : « Je n'ai pas pu sauver Ilan, je lui demande tous les jours pardon. » Cette femme orpheline d'enfant que la police avait forcée à passer les vingt et un jours de séquestration « comme si de rien n'était », l'obligeant à aller travailler sans rien raconter à personne au motif qu'en France « on ne paye pas de rançon, on ne communique pas ».

Caroline Toby aurait voulu qu'il y ait un public pour voir la jeune femme qui a servi d'appât expliquer au tribunal qu'elle avait accepté d'aller « draguer un Juif » dans une boutique contre deux cents euros et une chambre d'hôtel dans un Campanile du XIVe arrondissement de Paris pour y passer la nuit avec « son mec du moment ». Ou encore ce jeune garçon, le seul qui aurait pu parler après avoir fui, au bout de quatre jours, la cave dans laquelle il surveillait Ilan Halimi. Rentré chez lui, il a tout raconté à son père qui, pour le protéger, lui a ordonné : « Tu restes à la maison et tu te tais. » À une époque où les statistiques montrent que l'antisémitisme est plus que jamais un grave sujet d'actualité, que des familles entières sont obligées de déménager parce qu'elles vivent dans l'insécurité en raison de leur religion – et sont d'ailleurs invitées à le faire par les forces de police –, « oui, ça aurait été de la pédagogie », regrette-t-elle.

Seulement, tout cela est resté à l'intérieur de la salle. Pour les seuls avocats, les jurés et les vingt-six prévenus. L'une des accusés étant mineure, le huis clos a été ordonné – c'est ainsi qu'on protège les moins de dix-huit ans. Dans « l'affaire Halimi » ou « le procès du gang des barbares », selon ce que l'on souhaitait mettre en avant à l'époque – l'horreur dans les deux cas –, la machine médiatique ne s'est emballée qu'au premier et au dernier jour du procès. Pas vraiment dans l'intervalle, durant lequel Caroline Toby et son associé se sont partagé les tâches. « Ce qui dans un dossier pareil revient à ce que chacun fasse tout », précise-t-elle. Surtout quand le procès dure trois mois. Surtout quand ils ne sont que deux dans leur cabinet.

Pendant toute sa durée, le procès est venu s'installer jusque sous le toit de Caroline Toby. Il n'est pas de cas dans sa vie professionnelle où elle laisse ses affaires sur le palier comme on s'essuie les pieds avant d'entrer. C'est le sujet de conversation, et il est extrêmement présent. Soit parce qu'elle n'est pas là et qu'on l'attend. Soit parce qu'elle est là sans y être, fragilisée d'avoir fait face à ces « monstres ». Dans le foyer de l'avocate, aimant et soudé, on pratique un judaïsme mesuré – le shabbat et quelques fêtes. Il y a trois garçons qui ont tous fait leur bar-mitsvah – un cadet et des jumeaux dont l'un s'appelle Ilan, comme ce garçon dont le prénom est prononcé toute la journée à l'audience. « Le drame c'est qu'à ce moment-là j'ai tout mélangé », avoue-t-elle. Quand elle rentre le soir, c'est vers lui qu'instinctivement elle se tourne plus que vers les deux autres. Elle va le voir, le prend dans ses bras et se met à pleurer. « Il avait onze ans et il m'a récemment confié que je ne l'avais pas épargné. Ça nous a tous abîmés à la maison à ce moment-là. »

Que répondrait-elle aujourd'hui à Francis Szpiner si le cas Halimi se présentait à nouveau et que son associé se tournait vers elle pour lui demander de l'accompagner sur le dossier ? Tout pareil, sans aucun doute. « Parce que, lorsqu'on est pénaliste, c'est un dossier qu'on ne peut pas laisser passer, et que ça me faisait plaisir – ce n'est pas le mot adéquat –, c'est pour tout ça, j'imagine, qu'il me l'a proposé. » Et qu'elle y est allée, tel un chirurgien attiré par la plus délicate des opérations.

Lorsque l'affaire commence en 2006, elle est associée à Francis Szpiner depuis cinq ans, mais elle estime être plus « une super collaboratrice » qu'une véritable égale. « On ne va pas se mentir… » L'expression revient souvent dans sa bouche quand il s'agit d'évoquer ce rapport hiérarchique ou la question d'une égalité entre l'avocat et l'avocate qu'ils sont. « On ne va pas se la raconter », pendant le procès, les journalistes préfèrent interroger « Francis ». Francis Szpiner, connu pour un sens de la formule acide. C'est lui qui est naturellement médiatisé dans cette affaire. Elle dirait presque que c'est normal. Elle-même ne s'est pas toujours vécue comme émancipée. La toute première année de leur association, elle a plaidé dans « l'affaire du Temple solaire », cette secte qui a organisé des suicides collectifs dans les années 1990. Sa plaidoirie a duré vingt-cinq minutes et Michel Tabachnik, qu'elle défendait alors, a été relaxé. Mais puisqu'elle est sincère, elle avoue y être allée « en étant un peu protégée par un ténor du barreau, sous sa coupe, en retrait ».

Il faut dire qu'elle « n'a connu que lui », comme on le dit des rencontres amoureuses précoces, depuis son premier jour de stage, un matin de 1992. En guise de baptême du feu, Szpiner l'emmène à la buvette du Palais. Au sous-sol du Palais de Justice, dans ce café où se retrouvent les avocats, elle découvre la table des pénalistes. Tout un monde qu'elle ne connaît pas et l'impression « d'entrer dans une institution ». Elle se souvient de l'humour de ces avocats si sûrs d'eux, de ces jeunes femmes à leurs côtés qui les regardent « avec des airs de pom-pom girls ». À l'époque, elle n'ose pas prononcer un mot, elle trouve qu'elle « ne ressemble à rien » et pense « je suis juste une grande privilégiée d'être là ». Rien ne pouvait lui donner plus envie d'en être. Peu de temps après, celui qu'elle voit comme le « cador » de la table des pénalistes, et qui est aussi son patron, lui confie un dossier. Elle le bosse « comme une dingue ». Dans la guerre des places entre stagiaires, c'est elle qu'il doit choisir. Elle termine son stage, et il la rappelle.

La relation qui se noue alors entre eux ressemble à celle d'un père et sa fille. « Lequel père, le mien, je vais le perdre deux ans plus tard », raconte-t-elle. Tout d'un coup, Szpiner endosse un rôle immense, à la fois professionnel et affectif. Un père spirituel qu'elle va admirer « vraiment beaucoup ». Trop ? « Beaucoup, mais pas trop. » Aujourd'hui, ses clients sont ses propres clients, et elle n'a plus jamais affaire à ces types qui lui disaient en la voyant arriver au parloir de la prison : « Ce n'est pas toi que j'ai appelée mais Me Szpiner. » Elle a fait ses preuves, peu compté ses heures au point de perdre les eaux dans le bureau du juge d'instruction Renaud Van Ruymbeke, et même réussi à créer une structure dans laquelle Szpiner et elle ont désormais deux autres associés. La dilution a noyé l'affect. Ils partagent tout : les charges et les honoraires. Et elle n'a plus jamais l'impression de « piquer de l'argent de poche » à son père.

Il aura fallu du temps pourtant pour que Caroline Toby reconnaisse sa force. Et c'est autour d'Ilan Halimi qu'elle y est parvenue. « Pour la première fois de ma vie, quatorze ans après avoir prêté serment, j'ai voulu y mettre toutes mes tripes et plaider comme une avocate à part entière. » Il n'était plus question de collaboratrice, d'associée, de père et de fille. Quand elle plaide, Me Toby ne pleure plus. Elle est extrêmement émue mais tient le coup pour la mère et les sœurs d'Ilan Halimi qui ont assisté à l'intégralité du procès, et avec lesquelles elle a déjeuné chaque jour. Pour ça, elle s'accroche à son texte, qu'elle écrit toujours. « Le cœur de ma plaidoirie c'est d'être le porte-parole d'Ilan, de dire qui il était, de lui rendre hommage aussi. »

Juste après cette affaire, elle a eu une révélation. Elle devait avancer, avec ou sans celui qui avait été si longtemps son mentor. Le procès terminé a d'ailleurs marqué leur toute première dispute. Sous l'effet des nombreuses félicitations reçues ici et là pour son travail précis, elle se rend dans le bureau de Szpiner et lui adresse cette phrase qui ne lui ressemble pas : « Il faut que moi aussi j'existe médiatiquement. » À la veille des vacances d'été, ce jour de juillet, il réplique : « Alors démerdez-vous pour que ce soit le cas. » Sur le moment, elle est piquée, le prend mal et s'en va. « En fait, c'est le meilleur service qu'il m'ait rendu », reconnaît-elle onze ans plus tard. « Si je voulais m'épanouir pleinement, il fallait que j'agisse indépendamment de lui. »

L'affaire Halimi restera le socle de son impulsion, sans qu'elle sache vraiment expliquer pourquoi. Et cela ne tenait pas au résultat, pour lequel il n'y avait pas tellement de pression. « Ce que l'on attendait, c'est que tout le monde soit condamné, et tout le monde l'a été. » Des lourdes peines, il y en a eu. Elle se souvient de cet accusé aux pleurs qui ne donnaient pas envie d'y croire. Il avait eu ce rôle dégueulasse de faire des « photos de bonne santé », en abîmant chaque jour un peu plus le visage d'Ilan Halimi, et de les envoyer comme preuve de vie en danger à ses parents. Il a été condamné à dix-huit ans de prison. Tout comme ce gardien de cité, marié, inséré, père de famille, qui, pour 1 500 euros, avait accepté de prêter une cave vide devenue l'enfer d'Ilan Halimi. Un homme autour duquel son avocate, Françoise Cotta, avait réussi à créer de l'empathie de manière remarquable, alors qu'il était un de ceux dont le rôle choquait le plus. Celui-là a « pris » onze ans ferme et perdu femme et enfants.

Pourtant quelque chose de plus grand, d'inachevé, laisse à Caroline Toby un goût amer.

« Mon ressenti à un moment donné c'est qu'il y avait une forme de banalisation de l'antisémitisme. » Ce pourrait être le deuxième échec : ne pas avoir réussi à en faire un procès sur cette question majeure. Qu'il s'agisse du parquet comme de l'opinion publique et des médias, cette façon de voir l'origine de ces actes barbares comme résultant d'un « antisémitisme d'analphabètes » banalisait le problème et le cœur même du procès. « Or, tout ce qui était arrivé à Ilan Halimi s'était produit parce qu'il était juif et l'organisation qui s'est mise en place était celle de nazis », explique-t-elle d'une voix encore tremblante. « Comment des jeunes avaient-ils pu commettre des actes aussi monstrueux ? » Elle qui a envisagé être juge pour enfants ne comprendra jamais cet « effet de bande, de groupe », dont on lui parle sans cesse. Globalement, elle n'a pas obtenu les réponses attendues. « Et peut-être que oui, l'audience a, de ce point de vue, été mal menée. »

À cet instant, les déceptions de Caroline Toby quant aux peines lui reviennent à l'esprit. Quand le délibéré est enfin tombé au milieu de la nuit, elle se souvient de la mince condamnation de l'appât. Elle l'a prise en plein plexus. La jeune femme sans qui le piège n'aurait peut-être pas fonctionné était condamnée à neuf années de prison et, par le jeu de la remise des peines, n'en ferait que six. Elle se rappelle avoir instantanément pensé à Ruth Halimi. À la seule idée que cette mère puisse, quelques années plus tard, croiser dans la rue la fille qui avait dragué son fils, le sang de M^e^ Toby se glace. C'était un vendredi, comme le soir de l'enlèvement d'Ilan, et, pour observer son shabbat, sa mère n'a pas assisté au délibéré. Caroline Toby revoit encore sa tristesse quand, avec Szpiner, ils se sont rendus chez elle pour lui annoncer le verdict en personne.

Ce soir-là, ils décident ensemble de faire appel. Ils doivent marquer leur désapprobation. Un an et demi plus tard, devant la cour d'appel, les peines sont peu ou prou les mêmes ; l'antisémitisme n'est pas davantage au cœur des débats et l'appât sait qu'elle sortira de prison dans les six mois qui viennent. « Au fond, je ne sais pas si l'appel était absolument nécessaire », reconnaît Toby. Cette fois sa cliente n'est pas venue assister au procès. Elle est soulagée. Ruth Halimi ne revivra pas l'agonie de son fils ni l'incapacité de la justice à lui apporter une forme de paix.

Depuis, les deux femmes sont restées en contact, se sont souvent appelées. Et puis, un jour, « le quotidien a repris ses droits ». Les coups de fil se sont espacés. Puis ont cessé. « Je me suis dit alors : “Tu dois gérer tes dossiers, ta vie.” Et c'est peut-être mieux comme ça. »

# VI

# MARIE DOSÉ

*« Jamais en vingt ans je n'ai été confrontée
à une telle violence de classe
que dans l'affaire Édouard Louis. »*

Marie Dosé n'hésite jamais à faire une petite démonstration pour expliquer la tendance naturelle qu'ont certains justiciables à se tourner vers des avocats masculins, célèbres, à grosse voix. De ceux « qui tapent du poing sur la table », précise-t-elle. Elle-même n'est pas en reste quand elle s'acharne une bonne heure et demie sur son bureau ancien avant d'endosser avec gestes et intonations le rôle d'une jeune femme aux prises avec la justice : « Imaginez, je suis instit'. À 6 heures du matin, la police débarque chez moi et m'interpelle devant mes enfants et mon mari. Je suis accusée d'avoir violé un élève. Après quarante-huit heures de garde à vue avec un avocat commis d'office qui court les autres commissariats et n'a pas le temps de m'expliquer quoi que ce soit, je passe une nuit au dépôt, je suis mise en examen puis placée en détention provisoire. J'arrive à Fleury-Mérogis, je ne connais aucun avocat. La fille à côté de moi en cellule me dit : "Il y en a deux vraiment super, écris-leur, ils viendront te voir et après tu choisiras." Moi, je vois arriver Éric Dupond-Moretti qui prend toute la place et qui hurle : "Qu'est-ce que c'est que ça ? J'ai vu le dossier, c'est un scandaaaale !"

Puis, je rencontre Marie Dosé, 45 kg, 1,60 m, elle a l'air sérieux, c'est vrai, mais je m'en fiche : je choisis Dupond-Moretti ! » L'avocate reprend son souffle, repart pour un tour : « Le système qui a réussi en quelques jours à broyer toute ma vie, seul un monstre, un ogre, va pouvoir le broyer à son tour ! »

Depuis le début de sa carrière, elle a souvent assisté à ce type de scénario. « Ils ont tous choisi au départ celui qui avait l'air aussi monstrueux que la machine monstrueuse ! » Elle le comprend, elle ferait la même chose. Pendant dix ans elle a été l'avocate qui succédait « en fin de course » aux confrères médiatiques qui avaient déserté face à des justiciables qui n'avaient « plus un rond » pour les payer ou qu'ils avaient lassés « à force de les laisser croupir en prison ».

Dans la cuisine du cabinet qu'elle occupe dans le IXe arrondissement de Paris avec ses associée et collaboratrices, elles ont constitué leur propre « mur des cons ». Ici et là sont épinglés un article, une citation et même quelques courriers. Comme cette lettre sur papier à en-tête d'un confrère débutant par ces mots : « Chère consœur, je ne sais pas qui vous êtes, mais vous devez savoir qui je suis. »

Marie Dosé a quarante-six ans, un gabarit de jeune fille en effet, dans une combinaison de coton. Elle parle très vite, lève la voix quand il faut et sait parfaitement qui elle est. « Une écorchée vive » qui tente de s'auto-canaliser depuis toujours. Enfant puis adolescente, elle jouait du piano plusieurs heures par jour. « C'est un moyen d'expression et un exutoire importants. On met énormément de choses dans un instrument. » Après des études à Commercy, commune de

6 000 habitants dans la Meuse, elle se voit très tôt viser le Conservatoire. En terminale à Nancy, ses horaires sont aménagés pour laisser du temps à sa passion. Elle devient prof de musique dans une école associative mais, à dix-neuf ans, elle cesse de jouer, stoppée net par une maladie qui lui abîme les mains et empêche ses doigts de courir sur le clavier.

Elle n'est pas de celles qui ont toujours voulu être l'avocate qui se tient là. Celle qui lors du procès des attentats de janvier 2015 a défendu l'un des quatorze accusés. Ou encore qui, depuis quelques années, représente des familles de djihadistes français dont elle demande le retour des enfants en France. Ni la pénaliste qui, pendant dix ans, a accompagné, jusqu'à la relaxe en 2018, Yildune Lévy, compagne de Julien Coupat, poursuivie dans l'affaire de Tarnac.

Plus jeune, elle a opté pour des études de droit par « défi ». « Comme la maladie avait choisi à ma place, j'ai choisi le contraire de la musique. » Habituée à une « énorme hygiène de travail » depuis toujours, Marie Dosé souhaitait une formation qui remplisse, rigoureuse, avec beaucoup de par cœur. « Quelque chose qui m'abrutisse », résume-t-elle. On est très loin de la vocation. Ce métier, qui est venu plus tard – après avoir assisté par hasard à une plaidoirie du pénaliste Henri Leclerc à Nancy –, elle l'a pourtant tellement adopté qu'elle pense aujourd'hui qu'autour « tout est insipide ». Elle interroge, comme si elle attendait une réponse : « Comment atteindre une telle intensité émotionnelle après ça ? » Joignable par ses clients jour et nuit et sept jours sur sept, elle se laisse submerger par la profession. Durant les périodes où elle plaide énormément, habituée à avoir la parole en dernier au tribunal – comme le veut la défense –, il lui arrive parfois de ne pas comprendre pourquoi, lors des dîners, ses amis lui répondent, quand elle a fini de parler… Dans ces moments-là, la pénaliste se reprend, se raisonne : « Hé, calme-toi, tu n'es pas en audience ! » Marie Dosé déborde d'émotions qu'elle ne maîtrise pas forcément. « Je suis en colère, j'ai des accès de colère, mais je ne me mets jamais en colère contre quelqu'un. Toujours contre quelque chose », se justifie-t-elle.

Ce sentiment l'a conduite à choisir, parmi les procès dans lesquels elle est intervenue depuis vingt ans, celui qui a opposé son client à l'écrivain Édouard Louis – alors même qu'au moment où il s'est tenu en première instance, en octobre 2020, elle était également l'avocate d'un accusé dans une salle voisine dans le cadre du procès des attentats de janvier 2015…

Dans cette affaire, l'auteur qui a connu un succès fulgurant avec *En finir avec Eddy Bellegueule*, son premier roman paru en 2014, largement traduit et adapté au cinéma, accuse Riadh, immigré algérien sans papiers ni domicile fixe, de l'avoir violé dans la nuit du 24 au 25 décembre 2012 – récit qui se trouve d'ailleurs au cœur d'*Histoire de la violence*, son deuxième ouvrage paru en janvier 2016.

Trois ans après les faits qui se seraient déroulés chez Édouard Louis, « entre quatre murs », c'est-à-dire sans témoin, Riadh est arrêté pour trafic de stupéfiants le 9 janvier 2016. À l'époque, Marie Dosé n'est pas encore son avocate. Le livre d'Édouard Louis relatant cette fameuse nuit avec celui qu'il nomme « Reda » est sorti deux jours plus tôt et l'ADN relevé chez lui quelques années auparavant correspond à celui de Riadh. Un pur hasard, même pour ceux qui pensent qu'il n'existe pas. Celui-ci est placé en garde à vue et tout de suite confié à deux avocats commis d'office, des secrétaires de la Conférence, qui ont gagné le concours d'éloquence des avocats l'année précédente. « Mes confrères ont alors eu l'étrange idée d'aller devant la 17e chambre correctionnelle pour atteinte à la présomption d'innocence et à la vie privée de Riadh », soupire Dosé, sans les nommer.

Le 18 mars 2016, l'audience est un fiasco, les deux jeunes avocats se font recaler assez violemment par le président. « Et pendant ce temps-là, Riadh est en prison, parle à peine le français et ne comprend rien à cette procédure. Il n'est même pas présent à l'audience. Il ne fallait pas se déplacer sur le terrain d'Édouard Louis en invoquant le livre et pas les faits, il ne fallait pas saisir la plus germanopratine des chambres du tribunal ! » La faculté d'indignation de l'avocate est toujours là, tapie, pas loin.

La Conférence du stage, de toute façon, elle n'est pas pour. « La Conférence, c'est disserter sur pourquoi la porte est ouverte. Quel est le rapport entre ce concours et la défense pénale ? Je ne veux pas participer à ça. Je trouve que c'est dangereux. Défendre quelqu'un ce n'est pas être éloquent. Le talent oratoire n'a rien à voir avec la défense pénale. J'appelle ça “se faire les dents sur le destin des gens, sur la vie d'un autre”. » Mais le « vrai scandale » de l'institution judiciaire est, selon elle, plus vaste. « Vous savez ce que c'est ? C'est le niveau des avocats. Nous ne sommes pas à la hauteur de notre serment. On est nuls ! » s'écrie-t-elle carrément.

Elle n'a gardé aucun souvenir de l'école de formation du barreau de Paris. Pas une salle, pas un intitulé de cours ne lui est resté en mémoire. « Je ne sais même plus où elle se trouvait. Ce n'est pas normal. » Pour les pénalistes, elle préconise de ne pas plaider seul pendant les premières années d'activité, initiation qu'elle a suivie à la lettre au côté de Me Michel Konitz, avocat à la clientèle singulière dont elle a beaucoup appris. Après deux ans à le regarder faire, elle le quitte pour s'installer seule au rez-de-chaussée du même immeuble de la rue de Rivoli dans d'anciens boxes à chevaux, avec froid qui passe sous la porte, inondations tout le temps et souris parfois. « C'était difficile mais ma priorité c'était que le téléphone sonne, qu'il n'y ait pas de vide. J'avais beaucoup d'indigents, des gens qui ne me payaient pas, mais ce n'était pas grave, au moins il y avait du monde ! »

Marie Dosé n'est plus tout à fait la même et a déménagé son cabinet non loin de là quand, en 2016, le petit ami de Riadh l'appelle et lui demande de le représenter. Comment est-il arrivé à elle ? Elle ne sait pas. « Je me pose toujours cette question mais je ne la pose jamais à celui qui franchit la porte de mon cabinet. La plupart du temps, me concernant, c'est "radio prison" qui m'envoie celles et ceux que je défends. » Depuis l'audience manquée devant la 17e chambre, Riadh est en détention provisoire. Il ne comprend pas la portée du livre, ni celle de la médiatisation d'Édouard Louis. Il ne sait ni lire ni écrire et ne détient aucun de ces codes. Et à l'audience, en première instance, il devra être assisté d'un interprète en langue arabe. « C'est très difficile pour moi car je ne peux pas le faire entrer dans une stratégie de défense intelligible. Il reste enfermé en lui-même. C'est une grande frustration pour l'avocate que je suis. Bien sûr, il y a aussi une colère sociale qui m'anime dans ce dossier. »

Elle reste volontairement floue sur ses origines ; elle évoque en passant un « grand-père ouvrier », une « famille de fonctionnaires », guère plus. Elle monte au créneau en une seconde quand elle évoque l'œuvre littéraire d'Édouard Louis. « Je trouve particulièrement indécent d'avoir pour argument principal son enfance, c'est pour moi d'une grande impudeur. Surtout, je ne comprends pas comment on peut avoir la prétention de devenir porte-parole d'un groupe. Je ne supporte pas qu'il instrumentalise un milieu populaire. Il n'est pas le seul à avoir fantasmé Saint-Germain-des-Prés, le milieu intellectuel parisien… » Comme lui, elle a admiré ce monde-là et toujours donné une place immense à la culture dans sa vie. Aujourd'hui, elle habite le même appartement sur la rive gauche qu'elle occupait étudiante, lorsqu'elle se perdait pour aller à la fac, et n'a pas besoin de grand-chose d'autre qu'une carte UGC illimitée et un abonnement au théâtre. Grande lectrice de romans, elle reconnaît avoir acheté *Histoire de la violence*, à sa publication, avant son entrée dans le dossier. « À l'époque, il m'est un peu tombé des mains, je dois dire… »

Le paradoxe est que ce même livre est devenu, pour elle comme pour les autres parties, une pièce majeure du procès. C'est elle, d'ailleurs, qui a obtenu qu'il soit ajouté au dossier. Tous l'ont à un moment ou un autre évoqué, y compris la présidente du tribunal qui à l'audience en première instance, ce jour d'octobre 2020, a dû rappeler qu'en correctionnelle on ne faisait pas le « procès d'un livre ». D'un côté, l'écrivain a toujours prétendu que son contenu était entièrement vrai, de l'autre, la justice déclare ne pas pouvoir s'en saisir. Et pour Marie Dosé, « c'est un problème car, à cause du livre, Édouard Louis n'a pas la liberté de dire : j'ai menti ». « Il n'est pas un plaignant comme les autres », plaide-t-elle alors.

Dans cette œuvre très commentée, il raconte en effet son premier Noël à Paris, le 24 décembre 2012, non pas avec sa famille mais boulevard Saint-Germain, dans le VI<sup>e</sup> arrondissement, en compagnie de ses deux amis « Didier et Geoffroy » (respectivement Didier Eribon et Geoffroy de Lagasnerie), avec qui il formera bientôt un trio intellectuel bien connu. De retour chez lui, il se fait draguer par un garçon kabyle, ils discutent, ils font l'amour toute la nuit et, à l'aube, alors qu'il sort de sa douche, le narrateur se rend compte que son portable a disparu. Il accuse le garçon avec lequel il a passé la nuit. Les choses se terminent mal, « Reda » le viole et tente de le tuer. Viennent ensuite le choc, l'hôpital où l'auteur de ce récit présenté comme autobiographique subit un traitement préventif de trithérapie, les amis qui le poussent à porter plainte, le commissariat.

« Ça, c'est le livre. La réalité est un peu plus compliquée. » Marie Dosé n'hésite pas à décortiquer les faits pour expliquer ce sur quoi elle a fondé sa défense avant de s'appuyer sur « le droit, juste le droit ».

À cette période, l'écrivain n'est pas encore célèbre. Sur la boîte aux lettres, il a déjà changé le nom d'Eddy Bellegueule pour celui d'Édouard Louis avec lequel il signera son premier livre un an plus tard. « À l'époque, il explique faire monter beaucoup de gens chez lui. » La nuit entre Riadh et lui est « fougueuse » mais, à leur désespoir commun, le préservatif qu'ils utilisaient a lâché. Au petit matin, Riadh – qui a l'habitude de piquer des objets chez les hommes qu'il fréquente – lui rend la tablette qu'il s'apprêtait à emporter mais jure ne pas détenir son portable. Édouard Louis pleure et Riadh s'en va. « Ce que je crois, poursuit l'avocate, c'est que Riadh est innocent et Édouard Louis prisonnier de l'histoire qu'il a écrite. » Marie Dosé a suivi cette affaire pendant six ans. Et si elle a réussi à faire le vide entre deux audiences, entre deux juridictions, pour tout reprendre avec un œil neuf, elle n'a cessé de réfléchir à la psychologie de « la partie civile », comme elle désigne Édouard Louis : « Au moment des faits Édouard Louis n'est pas encore Édouard Louis mais il a fait un pas vers ce qu'il a toujours adulé. » Le lendemain de ce viol présumé, il a rendez-vous dans une brasserie de la rive gauche avec ses amis de la veille. « Ce tout jeune homme, qui est à deux doigts de réussir, qui touche ce à quoi il aspire, se retrouve finalement à 5 heures du matin le jour de Noël, sans portable, avec deux SDF à côté de lui, à demander un traitement préventif trithérapie parce qu'il n'a pas pu s'empêcher de faire monter un inconnu à la limite de la prostitution et que le préservatif a craqué. Là, il retrouve Eddy Bellegueule, son identité d'origine en fait ! »

Au médecin, à ses amis, il raconte s'être fait violer et, poussé par les derniers, il dépose plainte contre cet homme qu'on ne retrouvera sans doute jamais. « Et à partir de là, l'histoire va se construire, et il va se convaincre qu'elle est vraie. Ce garçon a une capacité à se persuader de tout ! »

Entre ce dépôt de plainte en 2012 et la parution en 2016 du livre dans lequel il détaille les étapes de cette nuit-là, Édouard Louis ne s'intéresse pas à la procédure, il ne cherche pas à savoir si l'enquête avance ou si son « violeur » a été interpellé. Avant la sortie en librairie, il demande toutefois au procureur une copie de la plainte qu'il a perdue. « Selon moi, il s'est dit : il faut quand même que ça colle avec l'histoire que je raconte », analyse Marie Dosé. Pendant les semaines qui suivent, l'écrivain ne cesse de répéter dans les médias où il est invité que ce livre n'est pas un roman. Sur le plateau de l'émission La Grande Librairie sur France 5, il dit avoir « vécu une nécessité à raconter cette histoire », à « dire la réalité du viol, de la tentative de meurtre ».

Ainsi, selon Marie Dosé, l'écrivain serait « pris au piège » de cette « œuvre autobiographique » écrite dans ce temps où Reda n'était qu'un personnage et non une personne véritable, arrêtée par la police, encore moins un justiciable qui pourrait se retrouver devant un tribunal. « Si Édouard Louis a menti, il ne peut plus le reconnaître. Il aurait pu le faire avant la sortie du livre, mais là il est coincé. »

Dans la procédure, Édouard Louis déclare ne pas vouloir jouer le jeu de la justice française qui condamne à tout va et qu'il rejette. Il ne participe pas, il ne se rend pas aux procès, ni devant la 17^e^ chambre, ni quatre ans plus tard devant la chambre correctionnelle en 2020, ni devant la cour d'appel en novembre 2021. À l'expert psychiatre qui l'interroge dans l'intervalle, il dira qu'il souhaite que Riadh soit libéré et que la justice prononce un non-lieu. Parallèlement, Marie Dosé tente justement de faire sortir son client. « C'est surtout le traitement judiciaire de Riadh que j'ai détesté. Pendant un an, les magistrats ont asséné qu'une mise en liberté était impossible tant qu'il n'y avait pas eu de confrontation entre les deux justiciables. » Dès son interpellation, son client a demandé la confrontation avec Édouard Louis. Il se souvient de lui, ils ont fait l'amour toute la nuit et quand il le verra il ne pourra pas lui mentir, pense-t-il. La juge déclare que, pour cette confrontation, elle doit d'abord entendre Édouard Louis, alors que son audition figure déjà à la procédure. Puis que l'expertise psychiatrique de celui qui dit être victime ait eu lieu. Cette expertise finit par conclure qu'il est apte à une confrontation et que celle-ci est nécessaire. À ce moment-là, et à cause de ces tergiversations, Riadh est en détention provisoire depuis neuf mois. Lorsque Marie Dosé renouvelle sa demande de confrontation, l'avocat de la victime répond « non ». C'est cet avocat qui, au bout de onze mois de détention de Riadh, viendra à l'audience de demande de mise en liberté en déclarant que l'accusé ne doit pas sortir de prison car il est sans domicile et sans adresse. Elle tape une nouvelle fois sur sa table : « Elle est belle l'ultra-gauche ! Mon problème c'est que je déteste ce positionnement : à la fois victimaire et terriblement violent. » Selon cette logique, Riadh est coupable et Édouard Louis victime magnanime quoi qu'il arrive : « Soit le tribunal le condamne malgré l'absence de son accusateur et ce n'est pas la faute d'Édouard Louis, soit il le relaxe et c'est grâce à lui. »

Au procès devant le tribunal correctionnel, elle s'est glissée dans sa peau pour tenter de mieux se faire comprendre. Plus calme que dans la vie, réserves de Coca Zéro planquées sous le bureau, elle a tenté d'expliquer au juge le positionnement « intolérable » de la victime. « Édouard Louis dit je te condamne, je n'ai pas besoin de la justice pour le faire. Mais je te pardonne et je vais même t'expliquer pourquoi tu as fait ça. » Quand le sociologue Didier Eribon se trouve à la barre des témoins, ce 23 octobre 2020, Marie Dosé ne sait si elle doit se réjouir ou s'attrister en l'écoutant, à la fois confus et tremblant, évoquer le souvenir de « plaies » au cou d'Édouard Louis, quand le dossier mentionne des « ecchymoses ». Il suffit à la pénaliste d'attendre le jugement du tribunal pour le savoir. Début décembre, celui-ci qualifie le témoignage d'Eribon de « dénué d'objectivité », tout en soulignant le manque d'éléments probants permettant d'établir « la réalité des faits dénoncés » par Édouard Louis et « l'inconstance de ses déclarations » tout au long de la procédure.

L'avocat de la partie adverse décide alors de faire appel et s'en va « toquer à la porte » du parquet pour le convaincre d'en faire de même, elle en est convaincue. « Alors que ces trois-là ne cessent de conspuer le procureur, qualifié par Geoffroy de Lagasnerie de "personnage contraire aux valeurs démocratiques et déplaisant" », soupire Marie Dosé. Lorsqu'elle arrive devant la cour d'appel un an plus tard, la pénaliste ne s'est pas apaisée. Entre-temps, son client est devenu de plus en plus paranoïaque et marginalisé. Elle sait à peine où il vit et parvient difficilement à le joindre. À sa place, mille avocats auraient abandonné… Elle voit bien qu'il ne fait pas une excellente impression à la Cour. Il ne sait que répéter en boucle « je l'ai pas violé, je l'ai pas violé ». Sa vérité n'est pas grand-chose face à la verve cultivée et structurée d'un témoin comme Geoffroy de Lagasnerie qui, appelé à la rescousse à la place de Didier Eribon, vient expliquer cette fois, entre deux sanglots, que leur ami Édouard Louis, toujours absent du procès, n'est plus le même depuis cette affaire, qu'il vit dans la peur constante et se serait même réfugié à l'étranger pour fuir la France et cette histoire.

Encore une fois, Marie Dosé fait face à une partie civile de substitution, à « un témoin transformé en porte-parole d'Édouard Louis ». « L'écrivain fantôme », lui, refuse toujours d'être confronté aux questions de l'avocate, à celles des tribunaux, et à Riadh. Marie Dosé s'approche du témoin et l'interroge sur un échange de mails entre les trois amis le lendemain des faits. « Je n'ai plus de téléphone, je vous expliquerai, ne me blâmez pas s'il vous plaît, je vous expliquerai », implore l'écrivain.

Réponse de Geoffroy de Lagasnerie au bout de son clavier : « Tu te l'es fait piquer par un rebeu que t'as ramené chez toi hier soir ?

— Oui. Je ne ferai plus jamais ça. S'il vous plaît, ne me le reprochez pas […]. »

Quelques instants plus tôt, sur question de la présidente, le témoin avait assuré qu'Édouard Louis n'avait pas pour habitude d'inviter un homme rencontré dans la rue à passer la nuit chez lui.

Marie Dosé s'en saisit : « Lorsque vous écrivez "tu te l'es fait piquer par un rebeu que tu as ramené chez toi hier soir" – et je vous cite n'est-ce pas, ce sont vos mots, hein, surtout pas les miens – vous démontrez que votre ami Édouard Louis avait l'habitude de faire monter des hommes chez lui, non ?

— Non.

— Ah non ?

— Non, je faisais référence à une blague entre nous au sujet de quelque chose qui est arrivé à mon cousin.

— Mais monsieur de Lagasnerie, votre ami Édouard Louis lui-même a indiqué à l'expert : "à ce moment-là, j'avais l'habitude de rencontrer quelqu'un dans la rue et de le ramener chez moi pour faire l'amour". Donc, vous mentez.

— Non.

— Vous avez prêté serment, et vous mentez. »

Marie Dosé reconnaît que l'échange était musclé. « Je n'en pouvais plus, dit-elle, de ces mensonges à la barre, de tout ce cinéma ». Dans les minutes qui suivent, elle plaide alors sans discontinuer et sans faiblir. C'est le dernier acte, elle donne tout. « Une heure et demie, c'est à noter », lui dit en souriant son associée Judith Lévy lorsqu'elle a terminé. De son côté, l'avocat Emmanuel Pierrat va voir l'avocat général pour lui faire remarquer « l'agressivité de cette consœur ».

« J'ai suffoqué tout au long de l'audience et oui, j'avais un besoin viscéral de plaider. »

Penchée au-dessus d'un café avant d'aller prendre place sur les bancs du procès des attentats du 13 novembre 2015 où elle défend un accusé, elle marque une pause dans ses souvenirs. « Jamais en vingt ans je n'avais ressenti un tel mépris de classe. Et de la part de ceux qui ont fait profession de combattre les dominants. J'ai bien cru que la colère me paralyserait », explique-t-elle. Elle a en tout cas figé son impression d'audience. Alors qu'elle redoutait le pire, le 7 février 2022 Riadh est définitivement relaxé du chef d'agression sexuelle sur Édouard Louis. Après dix ans d'instruction et onze mois de prison, il est reconnu coupable d'un vol sans violence et condamné à trois mois de prison avec sursis.

Dans un communiqué, Édouard Louis réagit en faisant référence à Primo Levi et aux rescapés des camps de concentration nazis qui « rêvaient qu'ils racontaient ce qu'ils avaient vu et vécu, mais la personne à qui ils ou elles s'adressaient ne les écoutait pas ».

Aurait-elle pu défendre Édouard Louis quand sa véhémence à son égard permet d'en douter ?

« Oui, j'aurais pu, mais sans mépriser Riadh. Le pire est peut-être de l'avoir présenté comme doublement coupable à la suite de sa relaxe définitive : coupable d'avoir violé, quoi qu'en disent les juges, et coupable d'avoir été innocenté », s'insurge Marie Dosé. « Je suis la première à défendre la liberté de l'écrivain », tient à préciser celle qui, par ailleurs, partage la vie d'un romancier de talent, « pour autant on ne peut pas par ce biais étiqueter, catégoriser, cataloguer, autrement dit enfermer. Il n'aurait pas pu me faire dire n'importe quoi ».

Souvent, elle explique à ses clients qu'ils la payent mais ne l'achètent pas, « avec de l'argent ou des médias ». Aux accusés, elle ne laisse pas tout passer. « Je défends n'importe qui mais pas n'importe quoi. » Pendant ses plaidoiries, elle appelait Riadh « celui-là », comme un adolescent dont on est conscient des petites conneries mais qu'on n'abandonne pas.

En matière de terrorisme, par exemple, elle n'a jamais dit à un accusé qu'une « association de malfaiteurs » était une infraction « scandaleuse, assimilable à une justice d'exception ». « On a un vrai rôle qui ne consiste pas à victimiser nos clients ou à leur expliquer à quel point la justice est injuste. Ce genre de choses, je peux l'écrire mais je ne le plaide pas. Ou alors si je le plaide, pendant les deux ans qui précèdent l'audience, je vais dire à mon client : “Attendez, vous n'êtes pas en prison pour rien, le délit poubelle de l'association de malfaiteurs ça ne vous regarde pas. Ce n'est pas à vous de faire le procès du procès. Ce qui vous regarde c'est pourquoi vous vous êtes retrouvé là !” » Un bras de fer qui conduit certains de ses clients, en arrivant devant le juge, à le trouver plus « cool » que ce qu'elle leur a fait endurer ! Elle pense que la robe d'avocat a un vrai pouvoir sur la récidive. « Il faut qu'à l'intérieur de l'institution l'accusé rencontre quelqu'un qui ait du sens, et donner du sens ce n'est certainement pas aller dans son sens à lui. Je crois que je suis une vraie républicaine, viscéralement attachée à la *res publica* ! » Sur ce point, la proximité de certains avocats avec leurs clients la met mal à l'aise. « Les confrères qui, au palais, les tutoient et les infantilisent me gênent. Je ne supporte pas cette espèce de copinage. »

Elle ne materne pas mais parvient parfois à faire bouger les choses. Elle cite le cas d'un homme coupable d'inceste qui se prétend innocent mais que le dossier condamne tout entier. « Là, il y a deux solutions : soit vous passez en force, plaidez la relaxe et échouez lamentablement parce que tout l'accuse et que son positionnement va doubler sa peine, soit vous le trahissez en ne plaidant pas son innocence, ce qui est évidemment impossible. » Dans la pratique de Marie Dosé, il y a une troisième voie qui consiste à faire dévier son client : « D'accord, vous répétez que vous êtes innocent, mais est-ce que moi vous m'autorisez à plaider ce que je veux ? » Dans une telle situation, elle travaille sa méthode, la prépare longuement en prison et en amont, à coups de longues discussions. À l'audience, elle se retrouve alors face à la victime et commence : « Vous n'êtes pas une menteuse, mademoiselle, et vous avez vu, votre père ne m'arrête pas quand je dis ça, c'est déjà énorme. Je n'ai pas dit qu'il était coupable mais il ne m'arrête pas. » Elle avance comme ça, doucement, petit à petit. « Ça s'appelle plaider sur un fil, mais on peut plaider sur un fil. »

Me Dosé n'est pas forcément plus clémente avec les parties civiles qu'il lui arrive de défendre. « J'ai un discours qui est parfois compliqué pour elles à supporter. » Elle explique alors que le procès n'est pas forcément ce qui va les aider, qu'il ne faut pas qu'elles considèrent que c'est cette étape qui va leur permettre de faire le deuil, ou que la réparation ne passe pas forcément par la condamnation. « Je ne suis pas là pour les conforter dans la vengeance et réclamer des années de prison. Alors, évidemment, certaines vont consulter un autre avocat qui les accompagnera dans le pire. » Elle regrette que de plus en plus de confrères aient trouvé une manne dans ce type de contentieux. Une américanisation et une victimisation de plus en plus fortes qui résonnent dans la société actuelle. « Certaines personnes n'ont jamais trouvé autant d'attention qu'en s'enfermant dans leur statut de victime, et il n'est pas question que ma robe y participe. »

# VII

# RACHEL LINDON

*« On a chacun nos petits critères*
*plus ou moins cohérents, avec lesquels on s'arrange. »*

Dans le bureau de Rachel Lindon, accroché juste derrière elle, il y a le portrait d'un homme que ses confrères prennent régulièrement pour le juge Courroye. La présence du magistrat, connu pour ses liens avec Nicolas Sarkozy et la conduite de quelques dossiers célèbres comme les affaires Bettencourt, Pasqua ou encore les « fadettes » des journalistes du *Monde*, serait cocasse pour qui connaît bien Rachel Lindon.

Il s'agit en réalité du visage de son grand-père, Raymond Lindon. Un avocat radié de l'ordre dans les années 1940 parce que juif et qui, pour retourner ce qu'il pouvait de l'Histoire, est devenu à la sortie de la guerre avocat général. De l'autre côté de la barre, il a alors poursuivi quelques « collabos » et requis la peine de mort.

Raymond Lindon a disparu lorsque sa petite fille Rachel avait à peine dix ans. De lui, il ne lui reste que son argenterie (elle est la seule de la famille à porter les mêmes initiales que lui) et « presque aucun souvenir ». Pourtant il est là, perché sur le mur de son cabinet. « Parce que ça me fait quand même plaisir, la lignée me fait plaisir », commente-t-elle. Souvent, Raymond Lindon s'est rappelé à elle, comme cette fois où un collègue de la Conf' a fait, devant elle, tout son discours sur cet « homme droit, exemplaire, un modèle ». Ou encore chaque fois qu'elle se reporte depuis ses études à une décision importante de la Cour de cassation et qu'il est fait référence à ce « R. Lindon » devenu, à la fin de sa vie, juge de la juridiction suprême.

Chez les avocats, il arrive donc qu'une lignée ne conduise pas directement à une vocation.

Dans la famille Lindon, c'est comme si le lien n'avait pas été établi entre la jeune fille et les traces de son ancêtre. En ce jour de 2006 où elle a prêté serment, pas de petite tape dans le dos pour avoir honoré l'héritage familial. Ni de conversation sur le sujet. « Chez moi, on ne se pose pas pour se congratuler sur ce qu'on fait ou ne fait pas », précise-t-elle. On ne parlait pas non plus de Shoah dans une famille de rescapés alors que son père, né en 1927, a dû se cacher pour survivre. Faut-il y voir la raison de l'obsession de Rachel Lindon pour les génocides dès l'âge de dix-huit ans ? Il y a quelque temps, elle aurait eu un peu honte de s'aventurer sur les chemins de la « psychologie de comptoir » mais elle croit de plus en plus à cette histoire de « transgénérationnel ». Qu'il y aurait dans les gènes, comme dans les histoires familiales, quelque chose qui influencerait les êtres sans qu'ils en aient conscience.

C'est à ce même âge, autour de la majorité, qu'elle part s'occuper pendant l'été d'enfants des rues au Bénin. Elle a un peu lâché le premier rang auquel elle a été abonnée durant toute sa scolarité et décide qu'elle fera « métier : droits de l'homme ». Son raisonnement est simple : « Je ne vais pas savoir être médecin ou infirmière puisqu'une simple piqûre me fait peur, alors je ne vois que ça pour sauver le monde. » Très vite, un professeur un peu moins idéaliste la met en garde sur le risque d'être cantonnée à travailler dans une ONG, ces « grosses machines connues pour leur caractère répétitif ».

Elle s'inscrit en droit à la Sorbonne et, durant ses vacances, continue de se rendre dans les foyers de Porto-Novo et de nourrir, comme elle le dit, son « petit tropisme africain ». Elle lit et regarde tout sur le génocide des Tutsis du Rwanda, et redevient très bonne élève. « Je vois dans le droit pénal le tremplin pour arriver à mes droits de l'homme. »

Devenue avocate, elle intègre la Ligue internationale contre le racisme et l'antisémitisme (Licra) et s'assied autour de la table lorsque l'association se demande s'il faut se porter partie civile dans des cas de racisme avéré. Sa part militante lui en est reconnaissante mais, pour le reste, l'accomplissement professionnel tarde à venir. La toute première collaboration comme avocate ne commence pas exactement comme elle l'aurait souhaité. Son premier dossier phare concerne un homme d'affaires au nom célèbre, « embourbé dans des histoires africaines » – mais pas du côté où Rachel Lindon se sent le plus à l'aise. Il n'est pas toujours fin, pas vraiment élégant mais apprécie les manières de son avocate et son petit côté « gauche caviar de la rive parisienne acceptable ». « On est assez loin du droit international », plaisante-t-elle en refaisant le chemin qui l'a conduite jusqu'ici. « Mais il faut bien bouffer », dit-elle. Elle suit le dossier qui l'emmène aussi en Espagne, dont elle est à moitié originaire par sa mère. C'est assez pour patienter.

L'explosion viendra d'un aspect plus intime qui touche à des valeurs avec lesquelles elle ne transige pas. Dans le cabinet où elle exerce, une de ses consœurs est spécialiste des affaires sociales. Justement, le frère du petit ami de Rachel Lindon a été licencié de manière abusive par une grosse entreprise et aurait besoin d'un conseil. Elle le fait venir à son cabinet où il patiente dans la salle d'attente. « Au même moment attendait un comte et mon boss a demandé que le frère de mon mec – qui était noir – soit installé ailleurs. » Elle claque la porte de ce ténor chez qui, tout le monde s'accorde à le dire, « une collaboration ne se refuse pas » puis intègre la Conférence du stage où elle se fait la main au pénal pur et dur. Elle apprend beaucoup. À la fin de l'aventure, elle perd sa mère. Elle passe alors remercier l'homme qui s'occupait de la promo à l'Ordre des avocats pour son petit mot de condoléances. C'est la fin de l'année, les nouveaux viennent à peine d'arriver, les anciens comme elle traînent encore dans les couloirs. Dans le bureau du « super intendant », le téléphone sonne, l'homme se tourne vers elle : « Ça te dirait de défendre un pirate somalien ? » On ne l'imagine pas répondre autre chose que « grave ! » de sa voix rauque.

Des pirates, elle en a représenté trois depuis. Elle aurait pu raconter pour ce livre ces affaires folles, ces vies hors du commun, ce qu'elles ont fait bouger en elle. Surtout dans le cas de Youssouf qui offrait des doudous à sa fille et qu'elle maternait en retour. Ce Somalien au côté duquel elle a expérimenté « toutes les limites de la prison en France ». Ce mineur expulsé et « buté dans les vingt-quatre heures » dans son pays, comme elle l'a appris plus tard. Mais elle ne supporte plus ce sujet, elle enrage même d'en parler. Et puis, ajoute-t-elle, le thème a déjà été exploré – et bien – dans *Pirate n°7*, livre écrit par sa consœur Me Élise Arfi. Rachel Lindon est d'ailleurs assez bonne camarade pour reconnaître sans une pointe de jalousie la manière dont cette jeune femme a « remarquablement » plaidé dans le cadre de l'affaire, et regrette de ne pas avoir eu l'idée de raconter son expérience avec ce client à part.

« De toute façon, je n'oserai jamais écrire un livre, conclut-elle. Il y en a déjà quelques-uns qui ont un petit niveau dans ce domaine dans ma famille. » Côté paternel, son oncle Jérôme – fils de Raymond, donc – a passé sa vie aux éditions de Minuit où il a promu une poignée d'auteurs du Nouveau Roman comme Alain Robbe-Grillet, Michel Butor ou encore Claude Simon. Samuel Beckett faisait aussi partie du répertoire de la maison d'édition qu'il a dirigée jusqu'à sa mort. Quant à Mathieu, son cousin germain, il a publié son vingt-deuxième roman en 2020. Rachel Lindon en est fan et a posté une photo de la quatrième de couverture sur les réseaux sociaux alors que ce n'est pas vraiment son genre. « Une histoire de crime et un style extraordinaire. » Côté maternel, son oncle a été exilé politique après avoir publié un livre contre le dictateur Franco. « Même mon père a écrit plein de bouquins juste pour faire passer le temps », confie-t-elle. Elle, en revanche, se contente d'agir. Certaines scènes feraient pourtant de bons chapitres, elle en est convaincue.

Ainsi de cette affaire qui tombe un vendredi soir de début d'année, « pile au moment où tu te dis qu'il faudrait peut-être que les affaires reprennent » et que travailler davantage fait partie des bonnes résolutions. En janvier 2017, elle est installée à son compte depuis huit ans et reçoit le mail d'un confrère anglais avec qui elle a dîné une fois quelques années plus tôt. Ils avaient passé la soirée à parler de « son pirate ». Il lui transfère un message suivi de cette question : « *Can you handle this ?* » Autrement dit, peux-tu gérer l'ancien Premier ministre du Kosovo arrêté à la frontière française et dont la Serbie – qui ne reconnaît pas son pays – demande l'extradition afin de le juger sur son territoire. L'homme a déjà été acquitté deux fois par le Tribunal pénal international pour l'ex-Yougoslavie (TPIY) mais la Serbie ne veut pas le lâcher. Pour eux, c'est un criminel de guerre. « Balèze quand même. » Elle hésite. *Can I handle this ?* Oui. Rachel Lindon a enfin entre les mains son affaire de droit international tant attendue. « Un pur cas pratique d'extradition. » Pour l'occasion, elle se repasse un cours accéléré de droit international, une révision de la guerre des Balkans dont elle a un vague souvenir. « Je bosse jour et nuit et je pleure matin et soir. »

Le jour de la rencontre avec son client, il neige à Strasbourg. L'homme est aussi large que haut, exagère-t-elle à peine, et ses doigts sont raccourcis, usés par la détente à force de tirer. Ensemble ils parlent un peu français, pas mal anglais, et finissent par s'entendre. Il allait tranquillement faire du ski avec sa famille et il veut qu'elle le sorte de là. Surtout, il a une campagne à mener pour sa réélection en mai suivant au Kosovo.

La Serbie fait savoir à la France que si ce « criminel de guerre » n'est pas extradé vers leur pays, le gouvernement serbe mettra fin à toute relation diplomatique. La pression monte et le dossier traîne. La justice française ne cesse de réclamer des documents complémentaires « pour gagner du temps, ce qui était assez peu courageux », se souvient-elle. Durant cette période, chaque fois qu'ils se rencontrent pour évoquer les négociations, Ramush Haradinaj invite Rachel Lindon à de « super tables » dans des restaurants incroyables. Le soir, il leur arrive même de sortir. « Mon client avait fait une guerre. Donc, après une grosse journée, il fallait au moins ça. Et moi, je suivais. »

Passé les réjouissances alcoolisées, Ramush Haradinaj s'agace de voir son audience sans cesse reportée par les juges français. « Je ne veux pas jouer le jeu de cette justice-là », lui dit-il. Il congédie Rachel Lindon. Ce n'est pas contre elle mais contre le système. Elle comprend. De retour à Paris, son médecin refuse de serrer la main de l'avocate : elle a 41° de fièvre et une conjonctivite. C'est ce que le stress lui fait au corps. Le jour de l'audience, qui a finalement lieu en avril à Colmar, c'est l'apothéose. Entre-temps Haradinaj a compris qu'il n'avait d'autre choix que de continuer et l'a rappelée. Elle débarque au palais de justice « dans une caisse du gouvernement kosovar », sous les cris de deux cents Albanais plantés sur le parvis. Ils hurlent le prénom de son client : « Ramush, Ramush, Ramush ! » Elle va plaider pour celui qui est une star pour eux, l'ex-chef de l'armée de libération du Kosovo, celui qu'ils surnomment « Rambo ».

Ce jour-là, elle ne tente pas de faire baisser le niveau d'intensité et le ton qui la caractérisent. Elle parle fort et s'indigne. « Il m'est arrivé de plaider calmement et très doucement, à tel point qu'on me l'a fait remarquer, mais la plupart du temps ça m'habite trop pour que je parvienne à gérer mes émotions. Pour le coup, ajoute-t-elle, à Colmar, si j'y allais mollo, on se faisait descendre ! » À ce moment-là, l'avocate est persuadée que s'il est extradé en Serbie, Ramush Haradinaj est mort. Elle obtient gain de cause et la Cour refuse l'extradition. Il repart à Pristina pour faire campagne, non sans lui faire promettre qu'elle viendra en Albanie apprendre à « tirer comme un homme ».

Un mois plus tard, des coups de feu retentissent dans les rues de Pristina mais ce n'est pas elle qui tient l'arme. Les soutiens de Ramush Haradinaj saluent son élection en tirant en l'air. Elle et son confrère britannique ont été conviés à fêter la victoire. Il leur a passé un petit coup de fil quelques jours plus tôt : « C'est l'élection, les sondages me donnent gagnant, venez, c'est grâce à vous que je suis là ! » Les deux avocats ont fini en boîte de nuit à danser sur des canapés.

Aujourd'hui, Haradinaj pourrait être poursuivi si les chambres extraordinaires du Kosovo, tribunal hybride et temporaire imaginé sur le modèle de celui du Cambodge, ouvraient à La Haye. Si tel était le cas, il devrait se présenter devant la justice pour des affaires principalement liées au trafic d'organes. S'il lui demandait d'être son avocate pour ce prochain procès, Rachel Lindon accepterait. « Bien sûr, c'est un homme qui est soupçonné de crime, mais on a chacun nos petits critères plus ou moins cohérents, avec lesquels on s'arrange. » Le crime, même multiple, n'est pas un génocide au sens où, rappelle l'ancienne élève de droit criminel international, « on n'a pas voulu exterminer un peuple pour le détruire ». Et puis, « les clients sont ceux avec qui l'on fonctionne et je fonctionnais avec Ramush », qu'elle appelle encore par son prénom.

Ça n'est pas toujours le cas. Elle se remémore ce braqueur qu'elle avait défendu. Cinq ans plus tard, son ancien client est arrêté en Syrie et la désigne. Elle va le voir en prison, il lui demande des nouvelles de sa fille mais ne veut plus lui serrer la main. Il s'est radicalisé et a fini à l'isolement à côté du djihadiste Salah Abdeslam, impliqué dans les attentats du 13 novembre 2015. Elle qui a lu le Coran est horrifiée par son attitude. « Ce jour-là, il m'a fait peur. » Elle refuse de le défendre et le quitte en se disant que la prochaine fois qu'elle entendra parler de lui ce sera, malheureusement, parce qu'il aura posé une bombe dans Paris. « Je ne peux défendre quelqu'un en ayant ce sentiment. »

Une fois les terroristes exclus, elle navigue aujourd'hui dans un univers qui lui ressemble et exerce la moitié du temps en anglais et en espagnol. Au Rwanda, un village entier est en train de la désigner pour défendre leurs intérêts. Elle représente aussi un maréchal libyen dans le cadre d'une plainte contre la Syrie et des indépendantistes catalans, de « vrais prisonniers politiques », précise-t-elle. Pour la plupart, elle agit *pro bono*, c'est-à-dire bénévolement.

« Mais j'ai maintenant des clients riches à côté, en France et à Monaco. Ce sont eux qui me permettent de traiter aussi des dossiers qui me passionnent. Je suis un peu la communiste de la bande ! » Contrairement aux apparences, ça ne l'éloigne pas tellement de son milieu d'origine. « Si j'avais eu un véritable esprit de contradiction dans ma famille, j'aurais été réac ! »

# VIII

# JACQUELINE LAFFONT

*« Pour moi, défendre un homme*
*qui avait été résistant à quinze ans*
*n'avait rien d'anodin. »*

Jacqueline Laffont n'a jamais fait ajouter son nom sur la sonnette. Au rez-de-chaussée du boulevard Saint-Michel, siège de leur cabinet d'avocats, on peut lire celui de son mari : Haïk. Ils se sont installés ici en 1988, se sont mariés en 1992 mais n'ont jamais été très protocolaires. Aux papiers administratifs et autres détails réalisés chez des graveurs, ils ont toujours préféré le flou. Travaillant ensemble depuis presque toujours, ils ne se sont résolus à encadrer leur activité professionnelle qu'en 2016, au moment d'associer un nouveau nom aux leurs. Aujourd'hui, Pierre Haïk s'est retiré de la profession. Elle, qui a dix ans de moins que lui, a souhaité poursuivre l'activité, « prendre le relais, sans lui ». Non par peur de ne plus travailler mais parce qu'elle n'avait pas encore l'âge de s'occuper de ses fleurs. Elle sourit : « Je n'ai pas du tout envie d'exercer jusqu'à quatre-vingts ans mais, en attendant, je suis là ! »

Dans le bureau désormais vide de son mari, elle se souvient de leurs débuts. Elle a obtenu son baccalauréat très tôt, a perdu sa mère à l'âge de dix-neuf ans à peine et, après ça, a voulu aller très vite dans la vie. « Ma mère – à qui ses propres parents avaient refusé de poursuivre ses études au-delà du baccalauréat – nous a vraiment élevées mes sœurs et moi dans l'idée qu'il fallait que l'on ait un beau métier. » Jacqueline, qui est la dernière des trois, fera du droit. Rien d'autre que le pénal ne l'intéresse. Pour le reste, c'est assez simple, elle veut « défendre des gens, les rencontrer, ne pas être toujours derrière un bureau ». Et puis, « il n'y en a pas tant que ça des métiers extraordinaires ». Elle sera pénaliste ou rien. Elle passe le barreau en 1984.

Elle a tout juste vingt-trois ans lorsqu'elle assiste à des procès pour écouter M^e^ Henri Leclerc faire pleurer les jurés et toute la cour d'assises avec un talent inimitable et « ses petites maladresses si touchantes qui font atterrir ses lunettes sur le sol ». Ou encore, dans un autre style, M^e^ Thierry Lévy qui enchaîne à son tour de sa voix inoubliable « une analyse chirurgicale implacable qui ne veut laisser aucune place à l'émotion ». Ils ne sont pas vraiment ce qu'elle pourrait appeler des « modèles », mais elle puise chez ces ténors du barreau qu'elle admire des exemples qui l'accompagneront toute sa vie.

À l'époque, Pierre Haïk est un personnage un peu à part. Il a trente-trois ans, a suivi des études de lettres et de sciences sociales, intégré le séminaire de Lacan et pris un peu de temps avant de devenir avocat. Installé depuis peu, il cherche une collaboratrice et la choisit, elle. Le pénal politico-financier n'existe pas encore. Dans sa petite Autobianchi, elle court les prisons, plaide énormément : « C'était exactement ce que je voulais faire. » Ils travaillent ensemble pendant quatre ans dans des bureaux du XIV^e^ arrondissement de Paris avant de devenir un couple et de déménager durant l'année 1988. « Dès que je suis tombée enceinte, j'ai voulu vivre près du cabinet. » Plus tard, leurs deux fils viendront réviser dans son bureau. « Ma vie personnelle et ma vie professionnelle ont toujours été assez peu étanches. J'ai organisé mon existence de façon à tout regrouper, à essayer d'être partout à la fois. Ce n'était pas simple tous les jours, ça ne me laissait pas beaucoup d'espace pour moi, mais j'ai toujours pensé qu'il y avait plus d'avantages que d'inconvénients à cette situation. » Même si, de temps en temps, le soir, sur le chemin du retour, il lui arrivait de s'installer quelques minutes à une terrasse juste pour souffler un peu, elle n'a jamais envisagé de rejoindre une autre structure quand l'occasion s'est présentée. « Pierre et moi, on était une petite équipe mais une grande équipe ! »

Dans leur duo professionnel, elle donne généralement l'image de la besogneuse qui examine les dossiers à la loupe et lui de l'instinctif qui établit des systèmes de défense parfaits et courageux de manière quasi intuitive. Elle scrute, il synthétise. Quand ils plaident ensemble, ils se répartissent naturellement les tâches, tentent de ne pas se répéter et choisissent les parties qu'ils ont envie de défendre. Et quand ils ne le font pas à deux, l'autre n'est jamais très loin. Il n'y a pas eu de lien hiérarchique entre eux, ou alors elle l'a oublié. À la table des pénalistes où ça fusait, la grande brune aux yeux verts ne s'est jamais sentie plus muselée ou moins à sa place que les autres, hommes et femmes confondus. « Mais là-dessus, je suis peut-être à part, reconnaît-elle. Je plaidais des affaires intéressantes, j'étais avec Pierre, c'était le bonheur. Je n'ai jamais eu le sentiment d'être dominée. »

Ainsi du dossier de Pierre Pasqua, fils unique de Charles Pasqua, impliqué dans une affaire de détournement de fonds et jugé en 2007. C'est son mari qui plaidera, mais ils le travaillent ensemble. À force de les voir œuvrer à la défense de son fils unique – dont il est très proche –, l'homme politique choisit Haïk comme avocat lorsqu'il est lui-même à nouveau mis en cause. « J'étais de toutes les réunions tout le temps », se souvient Jacqueline Laffont. Mais quand l'ex-ministre de l'Intérieur doit être jugé pour trois dossiers distincts par la Cour de justice de la République, l'un de ses autres avocats se trouve dans l'impossibilité de le représenter. Et Pierre Haïk ne le peut pas non plus. Trois semaines avant l'audience, Pasqua père se retrouve sans conseil dans l'une de ces procédures. C'est la crise. Tous se réunissent autour d'une table pour une réunion d'urgence. Parent, enfant et avocats. Ils doivent trouver qui va pouvoir défendre « Charles » au pied levé. Jacqueline Laffont se souvient précisément de la scène.

« On s'interrogeait, on donnait des noms, on trouvait toujours quelque chose qui n'allait pas. »

Et à un moment donné, sans qu'il l'ait calculé, comme une évidence, Charles Pasqua a tapé du poing sur la table en prenant un air autoritaire. « Mais qu'est-ce que c'est que ça ? Je vais prendre Jacqueuuuline ! » Elle l'imite en riant. Est-ce qu'elle-même avait osé y penser devant la longue liste de noms masculins écartés les uns après les autres ? Pas vraiment. « J'aurais tendance à dire que je participais à cette discussion sans que cela me choque. Il y avait une espèce d'évidence : pour Charles Pasqua, on cherchait un homme, un ténor avec une grosse voix. »

Sur le moment, elle est assaillie par l'idée qu'elle doit se mettre à travailler sur-le-champ. Qu'elle a très peu de temps devant elle et doit renoncer aux vacances en Provence avec les enfants. Elle s'organise, ne se réjouit pas vraiment. « J'étais sûrement très contente qu'il me fasse confiance mais sans doute dépassée par l'urgence. »

L'audience devant la CJR est un enjeu énorme. C'est la quatrième fois seulement que la Cour se réunit depuis sa création en 1993. Au sein de cette juridiction d'exception, on juge des crimes et délits commis par des membres du gouvernement français dans l'exercice de leurs fonctions. Il y a tout ce décorum impressionnant – trois magistrats, six sénateurs, six députés – et, surtout, dit-elle, « c'est la première fois que je plaide pour Charles Pasqua ». Pendant les quinze jours que dure l'audience, elle ressent un mélange de fierté, de peur et d'angoisse. La responsabilité est immense vis-à-vis de lui. Elle se sent garante de l'image que cet homme laissera dans l'Histoire.

« Ce qui m'anime le plus souvent dans ces procès, c'est le sentiment d'injustice. Et là, dans ce dossier, je trouvais que les poursuites étaient injustes. » Charles Pasqua y est accusé de « corruption ». Il aurait délivré, en sa qualité de ministre de l'Intérieur, une autorisation d'ouverture d'un casino à Annemasse. Sa décision aurait été orientée par le financement de sa campagne aux élections européennes – qui étaient intervenues quatre ans plus tard – par l'exploitant corse de l'établissement de jeu.

Charles Pasqua a toujours contesté les faits mais, au moment des poursuites devant la CJR, son client était « pris dans un tourbillon politico-médiatique qui le rendait inaudible ».

« À l'époque, poursuit-elle, Pasqua est stigmatisé, présenté par certains comme un "pestiféré". Il fait presque l'unanimité contre lui. » Ses idées telles qu'elles lui apparaissent alors sont éloignées des siennes. Vu de l'extérieur, il semble être un homme rugueux, provocateur, réactionnaire, associé au SAC (Service d'action civique), à la mort de Malik Oussekine, frappé par des policiers en 1986. « Avant de le connaître, ce n'était donc pas une personnalité politique à laquelle j'adhérais. » Cette première image superficielle et négative, ce fossé entre eux ne sont pourtant en rien un obstacle pour le défendre. « Je l'ai fait en tant qu'avocate. » Surtout, elle a horreur de « ceux qui hurlent avec les loups », et cette avocate, qui défendra plus tard Nicolas Sarkozy, Nicolas Hulot ou encore Alexandre Benalla, trouve qu'une grande partie de la presse a une manière tendancieuse et à charge de relater les faits concernant Pasqua, et elle ne le supporte pas. Par ailleurs, il est partout lâché par les siens. « Cet aspect de la nature humaine, cette capacité qu'ont les gens de vous aduler un jour et, le lendemain à l'unanimité, de vous piétiner, je trouve que, pour un avocat, il n'y a rien qui donne plus envie de défendre. »

Cela tombe bien puisque, ensemble, ils vont parcourir un long chemin judiciaire, presque un compagnonnage. L'audience devant la CJR, en avril 2010, n'est en effet que le début d'une succession de procès. Quatre vont suivre. Chaque fois pour des faits et avec des motifs différents : corruption, trafic d'influence, détournement de fonds publics. « La totale, relève Me Laffont. Il est un fait objectif : cette pluie d'affaires qui lui tombent dessus est intervenue après son annonce publique de se présenter à la présidentielle de 2002. » À l'époque, Pasqua dénonçait la même chose. Il a en effet accusé l'entourage de Jacques Chirac, alors président de la République, de l'avoir empêché d'être candidat en l'impliquant dans ces procédures. Devant la CJR, elle se souvient alors des débats très virulents qu'elle a pu avoir avec l'avocat général. « On était très offensifs avec nous, donc je l'étais aussi. » Près de deux décennies plus tard, sa colère à lui est un peu devenue la sienne.

Y a-t-il du mal à cela ? Pas vraiment. C'est elle qui l'a accompagné dans chacun de ses combats judiciaires. « C'est un parcours plus qu'une affaire », insiste-t-elle. Une séquence de vie qui a commencé avant 2008 et s'est terminée avec la mort de Pasqua en 2015. « J'avais de l'affection pour Charles Pasqua. Vous ne restez pas l'avocat d'un homme comme lui, pendant près de huit ans, sans qu'il ne se passe quelque chose. Moi, je me souviens de l'âge de mes enfants au tout début et de leur âge à la fin. Ça a été une séquence de vie pour moi, de fin de vie pour lui. »

Au cours de ce procès très politique, elle commence à bien le connaître et perçoit tout de suite le courage de Pasqua, qu'elle voit presque comme un « témoin d'une séquence de notre Histoire de France ».

« Pour moi, défendre un homme qui avait été résistant à quinze ans n'avait rien d'anodin. » Devant la Cour, un des magistrats demandera à Charles Pasqua comment et pourquoi il avait pu faire confiance à des individus qui se sont parfois révélés être peu scrupuleux. Il a alors raconté à la Cour comment le très jeune résistant qu'il était, et qui transportait dans un car des documents secrets pour son réseau, avait dû, sur un simple échange de regards avec une inconnue, choisir de lui faire confiance et de les lui remettre pour qu'ils échappent à un contrôle de police. « Dans ces moments-là, on apprend en une seconde à faire confiance ou pas, avait-il déclaré à la barre. Je suis resté le même. »

En entendant plus tard les réquisitions portées contre lui, Jacqueline Laffont n'a pas pu s'empêcher de penser : « Ils sont en train de juger un homme qui mérite notre reconnaissance, et qui aura accompli dans sa vie des actes de bravoure rendant si dérisoires ces accusations… »

Dans cette affaire-là, il a été relaxé, comme dans les deux suivantes – celle de l'« Angolagate » et de « Pétrole contre Nourriture », jugées en 2011 et 2013. Puis, cette même année, dans une affaire de détournements de fonds dans le cadre de la fondation Hamon, il a été condamné en première instance mais a fait appel. Chaque fois, Jacqueline Laffont était son avocate.

C'est pendant toutes ces années qu'elle a appris à apprécier l'homme à la mauvaise réputation qui, au soir de sa vie, menait son ultime combat pour être blanchi. Comme pour partir lavé des accusations dont il faisait l'objet.

Un « monsieur » qui était né en 1927 et avait l'âge de son père, à deux ans près. Un client qui la remerciait tout le temps pour son travail, même cette fois où il avait été condamné, et lui envoyait pour cela des mots manuscrits après chaque plaidoirie. Une façon de rester élégant et digne en toutes circonstances. À chaque audience de plaidoirie, avant que la Cour n'arrive et que tout le monde se lève, dans cet instant où elle-même était « terriblement concentrée et angoissée », Charles Pasqua se mettait à la barre et déclamait une poésie. Quelques vers de Hugo, de Rimbaud ou de Verlaine, qu'il connaissait par cœur. Un moment suspendu qui faisait rire l'ancienne étudiante en hypokhâgne qu'elle était avant de faire du droit. « Il était très inattendu par rapport au portrait qu'on avait de lui, délicat et cultivé », résume-t-elle. « Très humain » aussi, notamment avec le jeune conseiller méritant venant d'une cité de banlieue parisienne qui était toujours à ses côtés, « un jeune homme formidable à qui il a donné sa chance et qu'il n'a eu de cesse de former et d'aider à monter professionnellement », insiste Jacqueline Laffont. Elle est restée l'amie de ce garçon, qui a depuis accompli un remarquable parcours et dont la fidélité et la reconnaissance à l'égard de Charles Pasqua demeurent intactes. Pareil avec ses officiers de sécurité qu'il considérait comme des proches. Tous assistaient à chacun de ses procès et il ne se passait pas un seul déjeuner sans qu'ils soient autour de la table au restaurant où il avait ses habitudes.

Lors de la toute dernière affaire dans laquelle elle l'a défendu en appel en mai 2015, suite à une condamnation de deux ans de prison avec sursis et 150 000 euros d'amende, M^e^ Laffont se souvient à quel point son client avait envie d'abandonner le combat. Il venait de perdre, trois mois plus tôt, son fils unique Pierre.

C'est donc un homme dévasté mais toujours tiré à quatre épingles qui gravit les marches de la cour d'appel de Versailles. « Il donnait le change mais tout ça n'avait plus d'importance pour lui. » Celui qui l'accompagnait à chacune des audiences n'était plus là pour le soutenir. Son petit-fils – qui venait lui-même de perdre son père – l'a pourtant convaincu d'être présent : « Tu lui as promis que tu te défendrais jusqu'au bout. »

Alors, ce jour-là, Charles Pasqua s'est quand même levé pour réciter un peu de Victor Hugo.

Et, dans cette dernière plaidoirie – puisque c'était la toute dernière affaire dans laquelle il était mis en cause –, Jacqueline Laffont avoue avoir peut-être plaidé avec « plus d'émotion que d'habitude ». Habituellement, dans les affaires politico-financières, elle ne joue pas vraiment sur ce registre. Ce n'est pas une posture, ni une absence de sentiments – ce n'est pas le lieu – mais plutôt un moyen de tenir son fil jusqu'au bout.

« En réalité, j'ai plaidé pour Charles Pasqua plus que pour la Cour ce jour-là et, en effet, il y avait sûrement une charge émotionnelle plus forte et plus lourde que d'habitude », dit-elle comme pour justifier sa voix un peu plus fragile. Leurs huit années de « combat » ensemble, les accusations injustes, le décès de son fils qu'elle connaissait bien, elle a tout mis dedans.

Après ce dernier procès, elle a invité Charles Pasqua à dîner avec ses deux petits-fils et son jeune conseiller chez elle. Ils étaient un clan et, exceptionnellement, en les recevant sous son toit, elle a fait sauter la distance qu'elle met entre elle et ses clients. « Parfois c'est possible, parfois pas… »

Un mois après, le 29 juin 2015, Charles Pasqua mourait à quatre-vingt-huit ans. Il n'y aurait pas de délibéré le concernant puisque, comme dans toute affaire judiciaire pénale, la mort de l'accusé entraîne d'office l'extinction de l'action publique. Il n'y avait donc aucune raison pour que Jacqueline Laffont se rende à l'audience, si ce n'est pour entendre les décisions rendues concernant les autres mis en cause. « Je n'avais pas l'intention d'y aller, je trouvais ça ridicule alors qu'il n'était plus là. »

Ce jour de septembre 2015, le président de la Cour rend alors son arrêt, condamne et relaxe un certain nombre de personnes et finit par faire ce qu'il n'avait aucune obligation de faire. Devant l'assemblée présente, il clôture son intervention par ces mots : « Charles Pasqua n'est plus là mais s'il avait été vivant, il aurait été relaxé. » Charles Pasqua n'aura pas entendu cette décision ni vécu sa dernière relaxe. Mais dans la salle se trouvait la grande pénaliste devant laquelle il aimait tant déclamer, qui, stupéfaite et émue aux larmes, assistait aux dernières secondes de sa réhabilitation.

# IX

# CORINNE DREYFUS-SCHMIDT

*« En défendant les autres*
*on se réconcilie avec soi-même. »*

Ce jour de mars 2020, la jeune avocate qui occupe à présent l'ancien bureau de Corinne Dreyfus-Schmidt a « osé » entreposer une pile de dossiers devant ce qu'elle croyait être une porte condamnée. La pénaliste, installée désormais à un autre étage du même cabinet d'avocats, a cru qu'on lui arrachait le cœur. Derrière cette porte se trouve en effet un placard qui croule sous les dossiers d'assises dans lesquels elle a plaidé. « Ses dossiers », elle n'a jamais voulu les envoyer aux archives, comme cela se fait habituellement, pour éviter qu'ils ne quittent physiquement l'immeuble dans lequel elle travaille. « C'est mon antre secret », plaisante-t-elle. Elle s'y rend de temps en temps pour en sortir un dossier et se replonger dans une audience. C'est parmi eux qu'elle a retrouvé l'un de ceux qu'elle tient à raconter. Un procès de 1996 arrivé par un biais inhabituel.

À l'époque, elle fait du droit pénal général à outrance. Elle plaide tellement que les retraités très assidus qui fréquentent les couloirs de la cour d'assises la connaissent et lui donnent des notes à la sortie des audiences : « Vous avez été bien aujourd'hui », « 13 sur 20 car vous auriez pu mieux faire ». Ses domaines de prédilection sont le trafic de stups, le proxénétisme et le grand banditisme. Ses clients, les frères Ferrara – liés au braqueur du même nom, Antonio –, sont accusés, eux, de trafic de cocaïne international. Aux côtés de ces « caïds », la jeune femme fait le job et, depuis qu'elle a prêté serment, sept ans plus tôt, a même appris à se faire connaître dans le milieu.

Mais dans cette affaire-là, le domaine de compétence est hors de sa « zone de confort ». Le client, envoyé par la secrétaire d'un confrère, n'a pas choisi la délinquance pour aire de jeux. Il est accusé d'avoir tenté de tuer le fils de sa compagne, un petit garçon âgé de huit ans, retrouvé dans un parc proche de leur domicile le « crâne fracassé », et totalement amnésique sur ce qui lui est arrivé. Le beau-père clame son innocence. Il est déjà incarcéré à la prison de Fleury-Mérogis depuis quelques mois et la juge semble convaincue de sa culpabilité. Il faut dire qu'en garde à vue l'homme a fini par avouer les faits, avant de tout de suite se rétracter chez la juge d'instruction. Corinne Dreyfus-Schmidt se sent investie d'une mission : « Je me vis comme son seul recours. Et je sens mon âme de combattante se révéler. » Pourtant ce client n'est ni attachant ni particulièrement sympathique. Il est même plutôt froid. « Pour ce cas-là, c'était plus l'injustice qui me portait qu'un attachement personnel à l'homme que je défendais. » Le même sentiment qui la guide depuis la mort de son père, disparu très jeune, à l'âge de trente-trois ans. « Cette injustice de la vie a fait de ma mère une femme révoltée, et cette révolte, elle me l'a transmise. Elle est inhérente à ma personnalité. » Elle justifie ainsi ce parcours

« indigné » : un engagement politique assez jeune dans des partis « très à gauche » au lycée, ce credo qui était le sien à la fac (« CRS = SS ») et une passion pour la révolte chilienne. Dans les prétoires où elle s'est rangée depuis, faute d'être allée faire de l'alphabétisation en Amérique latine, sa rébellion passe par le fait de traquer la faille de la machine d'État qui broie certains destins individuels.

Ici, c'est la police qui la met hors d'elle. Elle est peut-être même davantage *contre* les policiers qu'*avec* son client. L'affaire présente « tous les ingrédients d'un dossier monté par des flics sur la base de leur seule conviction de culpabilité. Depuis la nuit des temps, l'aveu est considéré comme la reine des preuves. La tentation est donc forte de tout faire pour l'obtenir. Il est très symptomatique de ce dont la police est capable. Autrement dit, quand on n'arrive pas à élucider une enquête, la seule façon de faire tenir un dossier c'est d'arriver à ce que le suspect avoue. » Et ce, quels que soient les moyens.

Ce sera son point d'appui : interroger les policiers pour arriver à démontrer qu'ils ont maltraité son client au point de lui faire reconnaître un crime qu'il n'a pas commis. « Sans doute l'exercice le plus difficile de mon métier », précise-t-elle. L'entreprise est en effet périlleuse face à des témoins « très préparés à ça » et à l'institution judiciaire qui tâche le plus souvent de rester clémente avec l'institution policière – petite cousine de procédure et maillon important de la chaîne. « Un dossier pénal est construit sur une enquête policière, quand vous avez dit ça vous avez tout dit », ironise Me Dreyfus-Schmidt. Elle décide de se placer pile au milieu de cette solidarité naturelle, telle une incarnation de la séparation des pouvoirs. « Je ne me suis pas fait que des amis en me positionnant là, c'est vrai. »

En préparant cet interrogatoire pourtant, elle panique et appelle à la rescousse deux pénalistes plus âgés. Elle a besoin de conseils, ils ont de l'expérience. Le premier s'appelle Jean-Yves Le Borgne, il deviendra vice-bâtonnier de Paris ; le second, Hervé Temime, son patron puis associé. Auprès d'eux, elle tente de se « rassurer » et se « sentir légitime ». « J'avais tellement peur de faillir », reconnaît-elle.

À la clé, il y a le Graal de l'avocat pénaliste : faire acquitter un innocent. « Dans ces cas-là, explique-t-elle, on sait qu'on peut tout renverser. Il ne faut avoir peur de rien, honte de rien et y aller. » Après tout, la femme de son client a précisé : « On vous contacte parce qu'il paraît que vous êtes une tueuse. » La réflexion a à peu près le même effet sur elle que le jour où, alors stagiaire, un grand pénaliste répondant au nom de Thierry Lévy, « un personnage de roman, un homme de principe sans aucun compromis » qu'elle admirait comme une folle, l'a reçue deux heures et lui a dit : « Vous êtes sûre que vous voulez faire avocat pénaliste ? Parce que ce n'est pas un métier de femme. » « C'est exactement à ce moment-là que j'ai pensé : il va falloir y arriver. »

Pendant ce procès à la cour d'appel de Versailles, la machine Dreyfus-Schmidt se met en marche : « Tu n'as rien à perdre, tu pars au casse-pipe. »

Elle note des méthodes d'interrogatoire qui ressemblent à s'y méprendre à celles retranscrites dans

*Comment faire avouer ?* – un livre écrit dans les années 1960 – et enseignées alors dans les écoles de police. Interdite depuis, l'œuvre de l'inspecteur Lambert comprenait des chapitres tels que « Comment attendrir la viande », « Faire du chantage », « Devenir une machine à confession ». Dans le cas de son client, l'interrogatoire, d'une durée de neuf heures, n'avait eu lieu que la nuit. Et il avait été attaché au radiateur – ultime cliché des violences policières. Cette nuit-là, le beau-père a craqué et avoué avoir fait une cabane avec le petit garçon puis lui avoir donné un coup involontaire, avant de le frapper au crâne et de s'en aller. Pourtant, lorsque le premier inspecteur était arrivé sur place le soir même, il n'y avait aucune trace de cabane.

Pour démonter cette « enquête pourrie », la pénaliste fait citer tous les témoins déjà entendus dans l'affaire. Ils sont trente et un à défiler à la barre ce jour-là. Notamment tout le personnel de l'hôpital Necker, où l'enfant est resté en réanimation pendant plusieurs mois. La police a interrogé les infirmières pour comprendre le rapport de l'enfant – même amnésique – à son beau-père qui lui rendait visite quand il était encore libre. À l'audience, il apparaît que les infirmières n'ont jamais déclaré ce qui figure sur procès-verbal, et qu'elles ont été entendues toutes au même moment dans la même pièce – ce qui est illégal.

Cependant, il en faut davantage pour faire basculer le jury de l'autre côté. Les jurés ne comprennent jamais la logique selon laquelle un innocent a pu reconnaître un crime qu'il n'a pas commis. « Pour l'opinion publique, si tu n'as rien fait, tu n'avoues pas ! »

C'est là que Corinne Dreyfus-Schmidt – qui n'a ni mangé ni dormi la veille, comme avant chaque plaidoirie – entre vraiment dans l'arène. Le chef de la brigade criminelle y est aussi et elle va l'attaquer à coups de banderilles. « Sa seule présence venait donner un poids et une crédibilité à l'enquête », dit-elle. Elle panique mais ne le montre pas. Il faut qu'il « lâche le morceau ». Lui, depuis la salle des témoins, ne sait pas ce qui s'est passé dans le procès avant qu'il soit appelé. Il n'a pas entendu l'enquêteur expliquer que, peut-être, il aurait poussé physiquement l'accusé. Ni les infirmières nier les propos qu'on leur prêtait.

Au bout d'un interrogatoire qu'elle fait durer deux heures et demie, pour qu'il s'enferre, elle parvient à lui faire reconnaître que son client avait peut-être été intimidé. Et, à son tour, elle parvient à le faire craquer.

C'est un combat, et elle l'emporte. « Depuis, s'il y a quelque chose que j'ai bien appris, c'est interroger les flics, s'amuse-t-elle. Je crois que cette affaire a été le début de ma bataille contre ce qui est établi par l'ordre. » Elle y est revenue plus tard, dans le cadre de l'agression d'un de ses clients. L'homme, un trafiquant de drogue, était victime de maltraitance policière. L'équation est moins évidente : « La justice considère davantage que, pour des crapules comme ça, tous les moyens sont bons pour obtenir des aveux. » L'affaire est quand même allée jusque devant la Cour européenne des droits de l'homme (CEDH) et la France a été condamnée.

« Dans la vie, je ne suis pas peureuse, mais je ne suis pas une grande courageuse. Dans mon métier, je suis une autre personne, je me mets en danger, je ne cède pas à la facilité, à la morale et à l'hostilité. Je suis obsédée par ma fonction au point de me mettre en souffrance », poursuit celle que M^e^ Dupond-Moretti appelle « Bijou ». Elle craint aujourd'hui que la mentalité n'ait pas évolué sur le sujet. Pour preuve, elle dénombre les dossiers qui encombrent les juridictions correctionnelles. « Tous les jours à Bobigny comme à Paris, précise-t-elle, des audiences correctionnelles sont entièrement consacrées à des affaires de rébellion, d'outrages contre la police, et assez systématiquement, même dans des dossiers qui ne tiennent pas la route, la justice couvre les flics. »

Le sentiment de révolte ne lui est pas encore passé. Mais l'a-t-il déjà poussée à renvoyer dans les cordes des clients qui auraient commis des « faits injustes » ?

Une seule fois en trente et un ans de carrière. Il s'agissait d'un père incestueux, et encore, elle l'a congédié poliment. Pour le reste, Corinne Dreyfus-Schmidt – qui ne défend *jamais* de parties civiles, elle insiste – ne se pose que très rarement la question de savoir si la personne qui se présente à elle est coupable ou non. Là-dessus, elle a suivi le conseil de celui qui a été son seul et unique modèle, Henri Leclerc, qui lui a dit un jour : « L'avocat n'est jamais le premier juge de son client. »

Brider sa curiosité, n'est-ce pas contraire à l'être humain ? lui demande-t-on naïvement. Ne veut-on pas juste savoir parfois ?

« Dans certaines conditions, les pénalistes ne sont pas des êtres humains comme les autres », répond-elle sans même y réfléchir. Elle se souvient pourtant de petits détails humains de cette nuit-là. Le « rade » d'Évry où elle est allée attendre le délibéré. « Des moments très longs, d'une intensité unique. » Son mari, qui s'était déplacé pour la voir plaider et ne partait plus, accroché à l'attente du verdict comme on peut l'être à l'épisode suivant d'une série. Le chef de service de l'hôpital Necker qui est venu lui confier : « Vous faites un métier formidable. » Et enfin, à 3 heures du matin, quand la sonnerie a retenti dans la Cour, qu'elle s'est mise à scruter tous les visages des jurés pour essayer de deviner qui avait voté l'acquittement ou la condamnation et que, tout à coup, la foule est venue la porter tel un joueur de foot venant de marquer un but.

« J'ai été acquittée », conclut-elle. Quand on s'amuse de sa façon de le dire, comme si elle avait elle-même échappé à la prison, elle poursuit : « Vous savez, en défendant les autres, on essaye aussi de se réconcilier avec soi-même. » Elle y parvient peu à peu. Et lorsqu'elle reçoit des lettres de gens qui lui sont reconnaissants d'avoir « changé le cours de leur existence », ça l'apaise. « C'est même la seule chose qui m'apaise dans la vie. »

# X

# OLIVIA RONEN

*« J'aime tout ce qui déchaîne les passions humaines*[1]. »

1. *Ce chapitre a été rédigé avant la fin du procès des attentats du 13 Novembre, prévue initialement le 24 juin 2022.*

Le monde se divise en deux catégories. Ceux qui croient au pouvoir des pierres et ceux qui ne leur en accordent aucun. En fait, peut-être trois : il y a aussi ceux qui s'en moquent complètement. Chez les premiers, la labradorite – c'est son nom – est choyée pour ses vertus de protection. Si l'on se fie aux sites de lithothérapie, elle absorberait le « négatif environnant » et constituerait un « bouclier à part entière contre les mauvaises ondes ». Sur le bureau peu encombré d'Olivia Ronen, on ne voit qu'elle. Son allure bombée, son gris comme le fond de l'âme, irisé par endroits de reflets bleutés-nacrés. Posée là comme un simple presse-papier sur un courrier de l'ordre des avocats, une requête en annulation et une facture à payer. Elle n'a pourtant rien de banal dans le bureau d'une avocate pénaliste qui défend depuis plusieurs mois Salah Abdeslam, seul survivant du commando djihadiste accusé d'avoir participé aux attentats du 13 novembre 2015.

Près de sept ans après les attaques terroristes les plus meurtrières commises sur le sol français, cette audience – la plus longue jamais organisée en France – a commencé en septembre 2021 pour se poursuivre jusqu'au 24 juin 2022. Tous les jours où elle s'est tenue, l'avocate à l'allure de brindille s'est alors réveillée comme dans le film *Groundhog Day* (*Un jour sans fin*). Sauf que Bill Murray, c'était elle et que chaque matin, en éteignant son réveil, elle savait qu'elle prendrait bientôt sa robe sous le bras et l'enfilerait juste avant d'entrer dans l'immense et profonde salle des pas perdus du Palais de Justice de Paris. « J'ai besoin d'y être le plus souvent possible, détaille-t-elle. Ne serait-ce que pour entendre la tonalité des questions, sentir l'ambiance et ce qui s'y joue. » Sauf cas de force majeure – un autre dossier qu'elle ne peut déléguer à la collaboratrice embauchée en vue de ce long tunnel –, dans cet espace repensé pour l'occasion, elle fait face aux centaines de parties civiles venues témoigner du drame qu'elles ou leurs proches ont traversé. De l'« autre côté », elle noircit méticuleusement son Moleskine bleu, rempli de petits Post-it violets. C'est dedans qu'elle consigne tous les détails du procès, note les remarques qu'elle se fait, importantes et anodines et qu'il faudra bien, le jour dit, utiliser pour sa plaidoirie. « Sur les dix mois d'audience, trois sont consacrés à la défense. C'est moins d'un tiers du temps », regrette-t-elle. Il faut bien tromper l'attente… Dans les rares moments de creux, s'interroge-t-elle alors sur ce qui l'a conduite sur ce banc-là ? Celui de la défense d'un homme qui fait l'objet de cinq chefs d'accusation, en lien avec la mort de 131 personnes : participation à une association de malfaiteurs terroriste, meurtres et tentative de meurtres en bande organisée en relation avec une entreprise terroriste, tentative de meurtre sur personne dépositaire de l'autorité publique, et séquestration.

Avocat pourtant n'était pas une vocation. Jeune, elle n'a qu'une envie : lire. Et à peu près tout le temps. Dans le roman, la petite dernière de cette famille de quatre sœurs trouve du réconfort et s'attache aux personnages. Sa mère est fonctionnaire au ministère des Finances. Son père a fait des études d'ingénieur avant d'emprunter le virage de l'entrepreneuriat, avec plus ou moins de succès. Au moment des choix, elle se lancera dans une prépa littéraire pour combler sa boulimie, mais il lui arrive de fréquenter les salles d'audience. Par simple curiosité, jure-t-elle. À cet endroit-là, elle retrouve ces déséquilibres qui, dans la vie, l'irritent terriblement. « Pas tellement quand ils me concernent d'ailleurs, confie-t-elle. Quand ils touchent les autres, en revanche, ils me deviennent insupportables. » Ce sentiment, à la fois épidermique et profond, mêlé à un idéal de justice – qu'elle dit avoir encore – la conduit vers des études de droit. Une première année prise « gentiment, sans trop de pression » et, la suivante, la rencontre avec le pénal. Dans cette matière, elle perçoit tout de suite ce qui va l'accrocher : cette idée de se confronter à l'État, d'engager avec lui « une lutte complètement disproportionnée ». « Ça tombait bien, j'avais envie de me battre et là je touchais vraiment le topos du combat. » Les découvertes se poursuivent avec la matière ultime : histoire de la procédure pénale. Elle se souvient : « Je vois le juge d'instruction, qui est l'homme le plus puissant de France à un moment donné, puis l'arrivée de l'avocat dans son bureau. » Elle a les yeux qui pétillent.

Les deux personnages la fascinent, mais entre eux la question ne se pose même pas. « Je ne veux pas être juge » se dit-elle alors. Et même : « Qui suis-je pour avoir un avis ? Donner des leçons ? Très peu pour moi. » N'est-ce pas « un peu facile, depuis son siège, d'avoir une appréciation sur chaque situation » ? Elle préfère de loin « comprendre, essayer d'entrer dans une psychologie et saisir comment la personne qui se tient devant moi en est arrivée là ». Pour ça, la matière criminelle est d'or. En première année de master, elle vise ce M2 à l'intitulé qui la fait rêver : droit pénal et politique criminelle. Boum. « L'enseignement a des visées extrêmement humanistes liées aux droits de la défense et c'est celui-là que je veux. » Sauf qu'elle valide son année mais n'est pas prise au sein de la filière encensée. Cette année où elle a fait ses vœux coïncide avec celle où sa famille est frappée : un drame dans lequel Olivia perd une de ses grandes sœurs, la deuxième du clan, née polyhandicapée et disparue avant même d'avoir trente ans. Pour ne pas subir sur tous les plans, l'étudiante écrit à la responsable des études, explique son cas sans besoin de s'étaler. On la fait patienter tout l'été et, à la fin des vacances, l'administration l'informe qu'elle est prise.

Il n'y a maintenant plus aucun doute, la suite logique reviendra à passer le barreau. Dans la profession d'avocat, elle retrouvera un peu de celle qu'elle a abandonnée au lycée : la jeune fille qui allait au cours Florent prendre des cours de théâtre et se posait la question de devenir comédienne. Puisque la prépa ne lui en a plus laissé le temps ni le loisir, elle pourrait redécouvrir à la barre ses premières aspirations. « Il y a aussi, dans ce métier, toute une dimension esthétique qui me plaît énormément : avoir une parole belle et convaincante, être écoutée. » Il ne faut pas pour autant l'imaginer en faire des tonnes, être grandiloquente, au milieu d'une salle d'audience qui serait son public. Quand elle intervient à « V13 », comme les initiés nomment ce procès, en référence au vendredi 13 novembre, Olivia Ronen est une lame. Elle se lève, dit ce qu'elle a à dire et se rassoit. Souvent, cela tient en une phrase. Sans simagrées. Elle a eu un maître en ce domaine. Après un premier petit stage d'un mois dans le sud de la France chez une connaissance de sa famille – à Sainte-Maxime, un genre de bagne à cet âge où elle travaille le matin et va à la plage l'après-midi – elle dresse la liste des quelques cabinets dans lesquels elle veut apprendre « pour de vrai ». Parmi ce top 5 se trouve Thierry Lévy, ténor du barreau connu pour son esprit vif et ses prises de position intransigeantes. Cet homme-là « n'est pas là pour plaire à qui que ce soit », note-t-elle alors. « Il y a des choses très désagréables qu'il est nécessaire de dire parfois. » Dans sa bouche, ce souvenir sonne comme un principe de vie.

Pour entrer à ses côtés, elle fait preuve de ténacité. Nous sommes en 2014, à peine intégrée l'école d'avocat, la future pénaliste postule immédiatement pour son prochain stage qui commencera… un an plus tard. Me Lévy la reçoit. Si elle a envoyé sa candidature, lui l'a bien étudiée. Pendant une heure, il l'interroge sur la moindre petite ligne de ce CV qui n'est pourtant pas bien épais. Toute formule est questionnée, y compris dans la catégorie « hobbies » à laquelle personne ne fait jamais attention et que l'on écrit souvent sans réfléchir (pour cette même raison). Puisqu'elle dit aimer les musées, il demande quelle est la dernière exposition qu'elle a vue. Il note aussi un goût pour la lecture. Très bien, qu'est-elle en train de lire ? Et d'ailleurs à quelle page se trouve-t-elle exactement ? A-t-elle aimé le texte jusque-là et si oui pourquoi ? Il poursuit l'entretien avec des questions plus générales, quasi ésotériques. Enfoncé dans son fauteuil, il s'avance maintenant : « Est-ce que vous aimez avoir raison ? » Du haut de ses vingt-quatre ans, la jeune ambitieuse ne veut pas avoir l'air insolente ou trop sûre d'elle mais sa manière de répondre, du tac au tac, en dit sur sa capacité à ne pas se laisser démonter. Sur le trottoir, ce jour-là, elle se retrouve en sueur avec l'impression d'être « un témoin qu'on a essoré à la barre » mais pense instantanément : « Ça a l'air terrible, très spécial et épuisant mais c'est là que je veux être. » Tous les mois, au cas où il l'aurait oubliée, elle relance donc son cabinet : ont-ils une réponse pour son stage ? Elle finit par passer un deuxième entretien et, en rentrant chez elle, réalise qu'elle a oublié d'évoquer son mémoire avec Thierry Lévy. Elle a travaillé sur la place de la prison dans la lutte contre la récidive. N'est-ce pas un sujet qui lui est cher ? Elle doit le lui envoyer, ça pourrait le décider. Il finit par la rappeler : « On signe la convention et vous viendrez en janvier prochain. »

Devant elle, aujourd'hui, non loin de la labradorite, se trouve le livre de Thierry Lévy, *Nos têtes sont plus dures que les murs des prisons*, et c'est à se demander lequel des deux a le plus de vertus dans la manière dont elle mène sa carrière. À l'époque, dans ce cabinet tant désiré, elle a dû apprendre à faire sa place. En janvier 2016, elle entre comme unique collaboratrice au milieu de quatre associés. Normalement, c'est une pyramide inversée, mais elle fait avec. Seule femme au milieu de jeunes loups qui – en dehors du grand chef – ont entre trente-cinq et trente-sept ans et lui donnent tous des choses à faire. C'est dur, mais stimulant. Lors de la réunion du lundi matin, elle n'est pas forcément conviée, d'ailleurs. C'est un endroit où l'on se retrouve entre hommes, où l'on discute de la semaine à venir et, souvent, de là où l'on va envoyer Olivia. C'est mal la connaître. Elle a besoin de savoir. Un jour, elle ouvre la porte et entre en disant « en fait, je vais m'asseoir ». Autour de la table, la première fois, l'assemblée est un peu étonnée qu'elle ait cette audace-là. « OK », répondent-ils, scotchés. Après quelques affaires de diffamation sur des confrères mis en cause, on lui confie assez vite et sans trop de difficultés de « bons gros dossiers criminels ». Ces années-là, Thierry Lévy ne plaide pas aux assises, mais souvent elle l'accompagne au tribunal correctionnel. Elle le regarde faire. Il prend son temps, on l'écoute. Il parle de cette manière hachée qu'elle croise depuis, au hasard d'une audience, chez un ancien confrère du cabinet et qu'elle aime retrouver comme une madeleine oubliée au fond d'un tiroir.

Le reste du temps, le ténor lui apprend à travailler sans forcément faire preuve de pédagogie. « C'est nul, c'est nul », lui assène-t-il. C'est une éducation à l'ancienne, sévère, et une façon aussi d'observer comment elle réagit. Elle ne se vexe pas et « parfois, d'ailleurs, ce n'est pas si nul ». Même si ça peut lui paraître froid, elle perçoit de la bienveillance de sa part. « C'était pour lui que j'étais là, mais si j'avais senti un comportement contraire je ne serais pas restée. » La plaidoirie, pourtant, la démange. On ne l'y envoie pas. Elle ne connaît pas et, bien sûr, elle veut toucher ça. Après trois ou quatre mois de barreau seulement, alors qu'elle hésite à passer le concours de la Conférence du stage, il la convoque dans son bureau. Il a entendu des bruits de couloir sur sa volonté de candidater et l'encourage : « N'attendez pas d'être formée, vous risquez d'être déformée. »

Elle passe le premier tour. Au cabinet, tout le monde semble un peu surpris. La veille du deuxième, un associé lui fait même comprendre qu'un succès risquerait de lui poser des problèmes. Si elle est élue secrétaire de la Conférence, ce sera du temps en moins pour les dossiers sur lesquels elle aide. Elle l'emporte quand même. Au troisième, les choses se tendent carrément. « Au départ, j'ai été poussée et dès que ça a marché, il y a eu des frictions. Mais c'était tout ce que je voulais faire » reconnaît-elle. « J'ai toujours fonctionné en me fixant des objectifs : le barreau, le stage chez Lévy, la Conférence. » En novembre 2016, ça marche. Elle intègre la promotion 2017. Le lendemain, à quelques mètres de son bureau, Thierry Lévy lui téléphone pour l'inviter dans le sien : « Félicitations, bravo, ça va s'arrêter là pour nous. » Le regard embué, plus de cinq ans après, et sans que cela n'égratigne l'affection qu'elle a pu avoir pour lui, elle avoue : « C'est rude comme départ. »

Après un an et demi à n'avoir plaidé que trois fois dans des affaires civiles, Olivia Ronen commence à toucher le cœur du métier. Les premiers temps, elle qui est la plus jeune de la Conférence reste dans son coin, mi-timide, mi-illégitime et se souvient de sa première permanence comme d'un vertige. Elle regarde le dossier, sait qu'il y a trois choix la première fois qu'un justiciable est présenté devant le juge d'instruction : garder le silence, faire une déclaration spontanée ou répondre à des questions du magistrat. À son client à peine rencontré, elle expose ce trilemme. Et là, c'est le trou noir. « J'ai une absence de deux minutes où je ne dis rien. » C'est lui qui finit par la sortir du silence : « Et donc, je choisis quoi, maître ? » Est-ce bien elle désormais qui doit conseiller et veiller aux intérêts de tous ceux dont elle devra assurer la défense ? Sans aucun garde-fou ?

Elle détaille les doutes nombreux et la réalité pas toujours simple. À vingt-sept ans, elle fait ses premiers rendez-vous aux Deux Palais, café situé en face du Palais de Justice. « Il y a mieux en termes de légitimité », s'amuse-t-elle. Par chance, un confrère lui propose une domiciliation – qu'elle ne peut pas se payer – chez lui. C'est là qu'elle recevra son courrier professionnel et c'est déjà précieux. Les mois passent. Elle se sent plus à l'aise. Et puis, le mentor n'est jamais loin… En se quittant, ils s'étaient juré de se revoir pour un dernier rendez-vous. À la toute fin de l'année 2016, ils se retrouvent tous les deux dans la bibliothèque du cabinet de ses débuts, rue de Monceau, dans le VIIIe arrondissement de Paris. Il lui parle du métier, de comment on plaide. Il lui annonce les situations dans lesquelles elle va se trouver. « Il est vrai qu'avoir deux dossiers, c'est déjà un de trop » lui glisse-t-il, philosophe. En trois heures, et à soixante-douze ans, il lui raconte le concentré d'une vie de pénaliste.

« Vous avez de la chance : personne ne vous connaît. Vous aurez, chez les juges, une oreille neutre. Ça tombe bien : l'attention, il faut la retenir par les cheveux. » Ce qu'il fait là, c'est une leçon de transmission comme jamais ils n'en ont vécu ensemble. Elle capte tout, ne note rien. L'homme qui se tient devant elle lui a suffisamment dit, lorsqu'elle sortait un stylo dès qu'il ouvrait la bouche : « Qu'est-ce que vous faites ? Vous vous souviendrez de ça ! » Ils se laissent bons amis, sans doute conscients que tous ces conseils vont aiguiller la manière de travailler de la jeune avocate, et prévoient de se revoir. Le 30 janvier 2017, une poignée de semaines plus tard, Thierry Lévy meurt.

À ce moment-là, elle a songé à écrire ce qu'elle gardait précieusement dans un coin de sa tête, mais n'a jamais réussi à chasser cette voix qui lui disait : « Pas de prise de notes. » Parmi les autres grandes règles, accrochées à sa mémoire, celle-ci revient souvent : « Dans ce métier, le travail est toujours récompensé. » Elle se la répète, se rassure avec et en tire une conclusion : « C'est une valeur certaine donc, si je veux me donner les moyens, je peux. » Toujours par monts et par vaux, elle multiplie les comparutions immédiates. À la fin de l'année, elle en a fait une centaine et une trentaine des dossiers criminels passés sous ses yeux sont à l'instruction.

Autant dire que depuis la fin de ses études, Olivia Ronen a pris assez peu de vacances. Il y a bien cette fois, en novembre 2015, où elle a fait un grand voyage. Alors qu'elle se trouve dans la baie d'Halong, elle reçoit un sms d'une amie : « Ça va ? » C'est une façon de lui demander si ce vendredi soir, comme d'autres jeunes de son âge, elle est *safe*, pas en terrasse, ni dans ce quartier qu'elles ont l'habitude de fréquenter, par exemple. Mais Olivia ne comprend pas. « Oui, pourquoi ? » Il se passe quelque chose de très grave à Paris. Par un mince filet de réseau, elle tente d'en savoir plus. Les attentats du 13 Novembre viennent de frapper la capitale.

La deuxième fois que cette histoire la rattrape, elle est dans le Var. Au milieu du mois d'août 2018, un courrier est parvenu au cabinet qui l'« hébergeait », selon l'expression consacrée : Salah Abdeslam lui a écrit. Au bout du fil, elle croit à une plaisanterie, demande à ce qu'on lui scanne ce fameux courrier venu de l'écrou n° 444806. La lettre arrive sur l'écran de son téléphone : « Bonjour, Je suis Salah Abdeslam, j'aimerais vous rencontrer. »

À son retour, elle lui rend visite à Fleury-Mérogis. Depuis bientôt deux ans, le djihadiste français n'a plus d'avocat. Elle ne sait pas encore s'il va lui demander de prendre cette place mais elle a besoin de le voir pour savoir si, de son côté, elle accepterait de le défendre. « À ce moment précis, confie-t-elle, j'arrive à avoir un contact », et c'est la seule chose essentielle, apparemment, pour prendre une décision plus tard. Le détenu a un régime spécial qui ne changera pas jusqu'à l'audience. « Il aura fait six ans d'isolement. Peu importe. Ça restera un isolement filmé 24h/24. Peu importe. Mais comme on veut qu'il arrive vivant à son procès, on ne va même pas se poser la question de savoir s'il peut aller en détention ordinaire », explique-t-elle aujourd'hui, visiblement révoltée par ce traitement spécial sur une si longue durée. Quand l'instruction se termine pour Salah Abdeslam, Olivia Ronen n'est pas encore désignée pour le défendre. À la rentrée 2019, ils se voient pour la deuxième fois. Sur le chemin du retour, le principe d'humanité de Kant – considérer autrui comme une fin, non comme un moyen – vient la cogner. Chez n'importe quel avocat, la tentation serait grande de se servir de lui, de ce qui pourrait devenir pour elle une « grande affaire », dans un procès historique. En novembre 2020, lorsqu'elle est officiellement désignée, « c'est branle-bas de combat ». Le dossier des attentats du 13 Novembre fait un million de pages. Et « Salah est partout ». « Transversal », dit-elle. Elle le sait, on lui a appris à tout lire, aucun PV ne doit lui échapper. Elle n'a pas peur d'être leader sur cette affaire, mais face à l'édifice, elle s'interroge : serait-il judicieux de se présenter seule quand on connaît la richesse des échanges et d'un double regard sur un cas si complexe ? Le pourrait-elle seulement puisque le procès ne peut se tenir sans la présence d'au moins un des avocats de l'accusé et qu'elle a quand même un cabinet à faire tourner ? Abdeslam accepterait-il qu'elle s'adjoigne l'aide d'un confrère ? Une fois toutes ces questions résolues – dans son esprit et techniquement – elle demande à Me Martin Vettes de « monter » avec elle sur le dossier. Dans moins d'un an, elle défendra Abdeslam aux assises.

Puisqu'ils n'ont pas eu cinq années d'instruction pour apprendre à se connaître, elle y va par petites touches, glisse au passage un peu d'elle : son père iranien parti vivre en Israël, comme pour guetter une réaction à sa judéité. Il ne rebondit pas. Rien non plus sur le fait d'être une femme ou de lui serrer la main. « Ce n'est pas le cas de tous dans des affaires de terrorisme. Il m'est déjà arrivé qu'on me dise : je vous respecte mais ma religion m'interdit de vous toucher. » Elle a aussi – surtout – des questions pour lui. Au fil de ses visites mensuelles, elle affine sa connaissance du dossier, des faits, ceux d'une longue nuit dans Paris et ceux d'une vie – les fameux – qui ont conduit Abdeslam ici.

Quand elle arrive au procès le 8 septembre 2021, elle peut dire qu'elle les connaît par cœur. Mais ce n'est pas encore l'heure de les déployer, loin de là.

Il y aura des étapes à passer. Assez tôt, le 29 septembre, lors de la troisième journée de déposition des parties civiles, « une phase pleine d'émotion » se souvient-elle, elle ne voit pas arriver l'attaque. À la barre, l'une des victimes vient témoigner pour lui-même et l'ami qu'il a perdu ce soir-là, au Carillon. Bouche collée au micro, il se met à imiter le bruit de sept balles de kalachnikov. Sans arrêt. La salle tremble à chaque coup. De son siège, le président ne modère pas. Le témoin s'égosille d'abord en direction du box des accusés, puis, sa déposition presque terminée, se tourne vers l'avocate de Salah Abdeslam et, comme pour la prévenir, lui lance : « Vous savez, à trop défendre ce genre de personne, on finit par leur ressembler. » Autour d'elle, ses confrères avocats de la défense ne réagissent pas. Le président non plus. Peut-être craint-il d'avoir mauvaise presse s'il remet en cause la parole d'une victime ? « C'était à lui de dire quelque chose sur le rôle de l'avocat de l'accusé », explique-t-elle sobrement. Ce rôle, parfois ingrat, de représenter celui que la société considère comme l'ennemi public numéro un, elle n'en a pas vraiment fait les frais depuis le début du procès. En dehors du palais et de cet épisode-là, les regards sont plutôt bienveillants. « J'ai pu ressentir autour de moi de l'inquiétude, pas de la réprobation. » Sa mère et ses sœurs viennent assister à l'audience, ses amis posent des questions intelligentes, le reste n'existe pas. « Je ne doute pas du bien-fondé de ce que je fais, admet-elle simplement, avant de poursuivre : de toute façon, j'aime tout ce qui déchaîne les passions humaines et je crois même que je ne sais plus rien faire d'autre. »

Qu'a-t-elle changé à sa vie depuis ? À part une ligne – mentionnant l'hébreu comme langue parlée – retirée de son compte LinkedIn, pas grand-chose. Son prédécesseur aux côtés de Salah Abdeslam, Franck Berton, lui avait bien conseillé de prendre une protection, elle n'en a rien fait. Et c'est sans regret : « En général, les gens sont curieux, c'est tout. Jamais je ne me suis sentie mal accueillie. » Au cabinet dans lequel elle est désormais installée, sur la rive droite parisienne, elle ne reçoit pas non plus de courrier désagréable. Au contraire, en faisant un geste vers l'armoire qui les contient tous, elle dit : « Certains m'écrivent "merci, vous le rendez humain". » À l'audience, lorsqu'elle s'adresse à lui, Olivia Ronen l'appelle parfois par son prénom, Salah. Et dans son bureau, pour expliquer sa place au milieu des autres prévenus, elle dit « le mien ». « La première chose, c'est de faire que sa dignité soit respectée. » Elle s'agace de voir à quel point les bancs de la presse et du public, clairsemés pendant des semaines, se remplissent lorsqu'il entre dans l'arène. Effet bête curieuse. Le premier jour de son interrogatoire, toutes les caméras étaient là. Quand on lui oppose qu'il n'avait pas parlé depuis cinq ou six ans, elle comprend l'attrait médiatique mais ça la gonfle quand même.

Vis-à-vis des journalistes, elle a défini sa position en suivant ce conseil soufflé par un confrère : « S'il y a des moments utiles pour la défense, parle, sinon dispense-toi de tout. » En dehors de quelques rares interlocuteurs qu'elle a définis pour faire passer des messages, Olivia Ronen est plutôt du genre à décliner les propositions d'exposition. Elle la subit assez sans la chercher. Ainsi de cet épisode de la mi-mars où, de manière assez rare, la séance a pris une tournure dramatique. Dans un moment de parole, son client a évoqué la « vie gâchée » de certains de ses co-accusés, et la sienne. Réaction de l'assesseure : « Je pense que les parties civiles attendent d'autres réponses. » La salle entière applaudit. À cet instant, Olivia Ronen tente d'intervenir mais n'y parvient pas. Il y a là une raison technique. Les débats du procès des attentats de novembre sont diffusés sur écran géant dans d'autres salles du palais et écoutés sur une webradio destinée aux victimes. Il y a des micros et une parole qui n'est pas toujours ouverte à tous. Il faut attendre que le président actionne le bouton correspondant à celui qui réclame de s'exprimer. Elle appuie sur le sien sans discontinuer, parle dans le vide et s'agite. « J'ai l'air d'une vraie folle », observe-t-elle avec recul. Dans la salle, personne ne l'entend, à part la Cour qui ne lui offre pas la tribune. Lorsque son confrère intervient à son tour, c'est à lui de faire les frais de remarques du président qui lui explique notamment que s'il souhaite intervenir comme à l'Assemblée nationale, il ferait mieux de « changer de métier ».

Re-applaudissements dans la salle. « C'était un moment important pour la défense de Salah Abdeslam. Je n'ai pas aimé qu'il tourne ainsi. Les magistrats doivent avoir une oreille neutre ou au moins faire semblant de l'avoir. » Elle et son partenaire de défense quittent la salle, suivis cette fois par leurs confrères. L'audience est suspendue selon l'expression solennelle. « Si on ne nous écoute pas, je me sens oppressée physiquement, je n'arrive plus. Ce sentiment, j'avais réussi à ne pas l'avoir depuis le début du procès et ce jour-là, ça a été terminé. J'avais envie de hurler : "On n'est pas au théâtre, personne ne joue là, c'est la vraie vie." »

Elle qui connaît bien le fonctionnement d'une défense sait que ce n'est pas tout à fait juste lorsque la Cour dit à un avocat d'attendre son tour : « Maître, vous aurez la parole ! » On ne peut pas tout dire dans une plaidoirie. On ne peut pas tout attendre de ce moment précis pour sauver son client. Surtout quand le procès a duré dix mois. Surtout quand il arrive après une instruction, une enquête, une fondation consolidée pendant six ans et que c'est désormais ce qui est présenté comme une vérité qu'il faut renverser.

Alors parfois, elle se sonde elle-même : « Est-ce que tu as le sentiment de vraiment servir à quelque chose ? » Jusqu'à ce jour de mars, elle est toujours parvenue à se rassurer, à se dire que même entre les lignes, elle se faisait entendre, elle le faisait entendre. Les messages passaient et elle-même attrapait de quoi nourrir ses propres réflexions. « Il y a eu des échanges très, très constructifs. » Et des moments qu'elle n'oubliera jamais. Comme ce 10 novembre 2021 où François Hollande est venu s'exprimer à la barre. Les accusés ont eu la parole pour la première fois quelques jours plus tôt, pour évoquer leur personnalité. Progressivement on entre dans les faits, cette masse énorme que l'on décortique pièce par pièce notamment grâce à ceux que l'on appelle des « témoins de contexte », dont l'ancien président de la République. À la barre, il explique, semble justifier les différentes décisions politiques qu'il a pu prendre pendant son mandat, notamment à l'international. « C'est très lisse, policé, bien préparé, explique l'avocate qui scanne tout. Mais il y a malgré tout quelques zones de flou artistique, dont deux qui m'ennuient : la chronologie des frappes aériennes et des menaces de l'État islamique sur la France et la question des victimes collatérales. Quand arrive le tour de questions de la défense je me permets alors de l'interroger sur ces deux points. » La gêne est palpable, « il essaie de me déstabiliser en me disant que ces arguments sont ceux utilisés par la propagande de l'État islamique (EI), mais j'explique bien que ces questions ne visent pas à prouver que l'EI a raison, mais simplement que les réponses peuvent nous aider à construire un contre-discours de qualité ». Difficile d'imaginer ce qu'elle ressent dans son corps sous la robe. La pression est grande et le trouble double : elle échange à bâtons rompus avec un ancien président de la République sur des questions très sensibles. « Je suis vraiment comme l'équilibriste sur un fil », avec cet objectif de mettre en lumière des tabous qui contribuent à faire prospérer des idées obscures. « C'était risqué mais utile », conclut-elle avec un souvenir précis de la scène, des mois plus tard.

Alors quand certaines questions posées par la Cour lui laissent penser que les juges n'ont peut-être pas écouté aussi précisément qu'elle-même les débats, elle se décourage. « Après, n'hésite-t-elle pas à relativiser, il est très difficile d'avoir une continuité dans un procès si dense, avec de surcroît des interruptions liées à la pandémie, qui ont été nombreuses. » Ça ne l'empêche pas d'espérer qu'il reste de ce long procès l'idée que son client a « joué le jeu de l'audience » en s'expliquant longuement et « en présentant ses excuses aux victimes ».

Mais elle ne peut pas non plus en vouloir aux autres de ne pas, chaque soir, refaire comme elle le match dans leur lit. En se demandant si des points ont été marqués, si des choses ont bougé ou mieux, basculé. « Je n'ai, de toute façon, jamais eu un sommeil très paisible depuis la mort de ma sœur » dit-elle en balayant d'un même geste l'ombre qui traverse son visage. Au cœur de ces insomnies, elle trouve le temps de mûrir ce qu'elle aura à dire lorsque ce sera son moment et qu'on ne pourra pas l'interrompre. En toute logique, c'est elle qui plaidera « en tout, tout dernier », selon l'ordre de gravité des faits reprochés. « Je vais clore le bal et ça ne va pas être simple. » Dans l'idéal elle aimerait « un résultat qui prenne en compte le fait que Salah Abdeslam n'a tué personne de ses mains, qu'il ne soit pas considéré comme co-auteur de tous les meurtres et toutes les tentatives d'homicide ». Si le délibéré doit arriver comme prévu le 24 juin – elle compte sur ses doigts –, sa plaidoirie devrait tomber le 21 juin. En consultant son calendrier, elle trouve malgré tout de quoi sourire : « Ce sera le jour le plus long de l'année, je ne sais pas si c'est lié. » La jeune pénaliste à la labradorite peut-elle vraiment croire aux hasards ?

# Épilogue

Depuis que Lisa et moi avons entrepris ce travail, qui a été l'occasion unique d'interroger mes consœurs, d'ordinaire si discrètes et réservées sur leur parcours et leurs faits de gloire, on me demande systématiquement quelle affaire j'aurais choisie, moi. D'évidence, il s'agirait de l'affaire Agnelet, dans laquelle j'ai défendu la famille d'Agnès Le Roux, au côté de l'avocat avec lequel j'ai la chance de travailler depuis toujours, M^e^ Hervé Temime.

Il m'a, depuis mes débuts, fait une confiance absolue. Il m'a transmis toute l'histoire et la passion du métier, lui qui n'a pas son pareil pour faire vivre des anecdotes, comme si c'était hier qu'il avait assisté à une plaidoirie de l'avocat marseillais M^e^ Emile Pollak, son idole, qu'il n'a pourtant jamais pu voir plaider.

L'affaire Agnelet, je n'en dirai que quelques mots ici. C'est mon premier procès d'assises, et nous sommes parties civiles, ce qui, pour certains pénalistes – par conviction ou par snobisme c'est selon –, est une sorte de trahison à l'essence du métier. Agnès Le Roux a disparu à Nice à la Toussaint 1977, son corps n'a jamais été retrouvé. L'héritière du Palais de la Méditerranée a choisi de trahir sa mère dans la guerre des casinos, encouragée par son amant, l'avocat Maurice Agnelet, qui tentera de conserver jusqu'au bout l'argent de la trahison et niera être responsable de la disparition d'Agnès. Quand, en 2007, Hervé et moi nous installons sur les bancs des parties civiles à la cour d'assises d'Aix-en-Provence, devant la mère d'Agnès et ses frère et sœurs qui n'ont jamais renoncé depuis trente années à connaître la vérité, Maurice Agnelet a été acquitté à Nice un an auparavant. Le parquet a fait appel, ce que le ministère public peut faire depuis quelques années seulement.

« Où, quand, comment ? » La défense scande ce triptyque comme une rengaine. Sans cadavre, sans arme du crime, sans traces de sang, peut-on même juger ? Et trente ans après ? Ces questions évidemment nous nous les posons, elles nous obsèdent, Hervé Temime avec ses vingt-cinq ans de barre, et moi ma petite année. Mais il y a tant de preuves contre l'accusé, ce personnage qu'un livre entier ne suffirait pas à dépeindre. Le crime parfait doit-il être absous justement parce qu'il était parfait ? Cette jeune femme, qui avait mon âge, ne méritait-elle pas justice ? La cour d'assises déclare Maurice Agnelet coupable et le condamne à vingt ans de réclusion criminelle.

En 2013, nous voilà rattrapés par cette affaire. Elle fait partie de quelques dossiers criminels complexes qui doivent être rejugés. La Cour européenne des droits de l'homme a en effet sanctionné la France car ses arrêts d'assises ne sont pas motivés, la Cour et les jurés ne rendent pas compte des raisons pour lesquelles ils ont tranché comme ils l'ont fait.

Nous voilà donc à Rennes, cette fois en 2014. J'ai grandi ; huit ans de barreau et mon deuxième enfant qui doit arriver trois mois après. Un procès d'un mois, toujours le triptyque, des clients qui avec le temps et l'émotion sont comme des amis, et une déposition inattendue : celle du fils de Maurice Agnelet, qu'on s'étonnait de ne pas voir à cette audience-là, et qui, alors que le procès était en cours en Bretagne, est entré dans une gendarmerie des Alpes où il vit pour se délivrer d'un secret, celui de la confession de son père. Il a tué Agnès Le Roux, à la Toussaint 1977, à Monte-Cassino, d'une balle dans la tête dans son sommeil.

Aujourd'hui encore, je connais les moindres détails de ce dossier fleuve de quarante années, les dates, les noms des rues, des témoins, la marque des voitures… Je suis habitée pour toujours par cette affaire, par ce dossier, par ces audiences. Je sais que je partage ça avec Hervé Temime, avec les Le Roux, mais aussi avec l'avocat de la défense, M^e^ Saint-Pierre, les magistrats, le président de la cour d'assises de Rennes – il m'arrive maintenant de le croiser dans les couloirs du Palais, à Paris, ou au détour d'une rue – et ces deux chroniqueurs judiciaires, qui n'ont pas raté une seule audience. Et bien sûr avec des jurés que je ne connais pas mais qui, là, quelque part en France, n'ont pas pu oublier.

## REMERCIEMENTS

Julia Minkowski et Lisa Vignoli tiennent à remercier toutes les « ténoras » du barreau qui ont donné de leur temps et se sont confiées pour ce livre. Ainsi que toutes celles qui ne s'y trouvent pas mais se reconnaîtront, à travers elles.

Et bien sûr, Véronique Cardi, Clara Dupont-Monod et Anne Pidoux.

Mais aussi Valentine Faure, Domino Lattès et Olinka Malaterre.

Benjamin G. et Shahin V.

C., A. et M.

# Table

DES MÊMES AUTRICES :

Par Julia Minkowski :
*Par-delà l'attente*, JC Lattès, 2022.

Par Lisa Vignoli :
*Parlez-moi encore de lui*, Stock, 2017.
*Nue propriété*, Stock, 2022.

PAPIER À BASE DE FIBRES CERTIFIÉES

Le Livre de Poche s'engage pour l'environnement en réduisant l'empreinte carbone de ses livres. Celle de cet exemplaire est de :
250 g éq. $CO_2$
Rendez-vous sur www.livredepoche-durable.fr

Composition réalisée par NORD COMPO

---

Achevé d'imprimer en août 2022 en Espagne par
BLACKPRINT
Dépôt légal 1re publication : août 2022
LIBRAIRIE GÉNÉRALE FRANÇAISE
21, rue du Montparnasse – 75298 Paris Cedex 06